بسم اللہ الرحمٰن الرحیم

وہی جو دکھ بھرے موسم کی ویرانی میں سینوں پر دھنک لمحوں کی خوشبو سے مہکتا ہاتھ رکھتا ہے۔ دلوں کو جوڑتا ہے اور پھر ان میں محبّت نام کی سوغات رکھتا ہے، سفر میں راستے گم ہوں، ردائے گمرہی کتنی ہی میلی ہو غموں کی دھوپ پھیلی ہو...اُسے کوئی کہیں جس وقت اور جس حال میں آواز دیتا ہے، وہ سنتا ہے، بہت ہی مہرباں ہے رحم کرتا ہے، وہی سچ ہے ہمیں سچ بولنے کا حکم دیتا ہے، سو اُس کو یاد کرتے ہیں اُسی کے نام سے آغاز کرتے ہیں۔

اے ربِّ جہاں

میں جاؤں مدینے اور وہاں
کوئی ایسا کام نکل آئے
جو صرف مجھے ہی آتا ہو
جو صرف مجھے ہی کرنا ہو
جسے کرتے کرتے جینا ہو
جسے کرتے کرتے مَرنا ہو

۲۱ ستمبر، رمضان المبارک، ۲۰۰۷ء

میں نے اِسمِ محمد ﷺ کو لکھا بہت

سلیم کوثر

First Paperback Edition: November 2018
Book Name: Mein Ne Ism-e-Muhammad Ko
Likkha Bohut

Category: Urdu Poetry (Naat)
Poet: Saleem Kausar

Language: Urdu
Publisher: Andaaz Publications
4616 E Jaeger Rd
Phoenix, AZ 85050 USA
Email: admin@andaazpublications.com
Ordering Information: Available from amazon.com and
other retail outlets

ISBN: 978-1-7328300-1-1

a
andaaz
PUBLICATIONS

اللہ کے نام

جس کا عظیم ترین احسان انسانوں پر یہ ہے
کہ اُس نے ہمیں
حضرت محمد مصطفےٰ ﷺ عطا فرمائے
اور ہمیں اُن کا امتّی بنایا

اَللّٰھُمَّ صَلِّ عَلٰی مُحَمَّدٍ وَّعَلٰٓی اٰلِ مُحَمَّدٍ کَمَا صَلَّیْتَ عَلٰٓی اِبْرَاھِیْمَ وَعَلٰٓی
اٰلِ اِبْرَاھِیْمَ اِنَّکَ حَمِیْدٌ مَّجِیْدٌ اَللّٰھُمَّ بَارِکْ عَلٰی مُحَمَّدٍ وَّعَلٰٓی اٰلِ مُحَمَّدٍ
کَمَا بَارَکْتَ عَلٰٓی اِبْرَاھِیْمَ وَعَلٰٓی اٰلِ اِبْرَاھِیْمَ اِنَّکَ حَمِیْدٌ مَّجِیْدٌ

اُنہیں سے عشق کرو، اُن کے راستے میں رہو
دُرود پڑھتے رہو اور رابطے میں رہو

۲۲/اپریل/۲۰۰۴ء (مسجد نبوی)

کوئی ہنر ہمارا نہ شہرت ہماری ہے
اُس در سے جو ملی، وہی عزّت ہماری ہے

ورنہ ہمارا نام و نشاں تک نہ ہو کہیں
توقیر آپ ﷺ ہی کی بدولت ہماری ہے

دُنیا کی سختیوں میں گھرے ہیں تو یہ کھُلا
جو حکم آپ ﷺ کا ہے سہولت ہماری ہے

ہر نعت پڑھنے، لکھنے، سنانے سے پیشتر
آتی ہے اِک صدا کہ اجازت ہماری ہے

دسمبر/جنوری ۲۰۰۴ء

حمد اور نعت بہم ہیں آباد

مِرے سارے ہجر وصال ہوئے

اُس دن میری کیفیت عجیب سی تھی، میں اندر سے بہت بے چین اور گہرے اضطراب آمیز لمحوں کی گرفت میں تھا۔موسم میرے اندر نئے تجربوں کی دھنک لیے دل آنگن میں ہُلارے لے رہا تھا۔فون کی گھنٹی بجی...میں چونکتا ہوں، یہ کوئی باہر سے آیا ہوا فون تھا، میں نے رسیور یوں اُٹھایا جیسے میں صدیوں سے اس کال کا منتظر تھا۔ دعا سلام کے بعد...آپ جدّہ کے مشاعرے میں تشریف لا رہے ہیں!...میری آنکھوں کے سامنے بے شمار ستارے جگمگ کرنے لگے،انہیں کے درمیان حرم کا عکس نظر آیا اور پھر گنبد خضریٰ اُبھر آیا، میری سماعتوں میں صحرائے حجاز کی آوازیں نغمگی میں ڈھلتی چلی گئیں۔وقت نئی کروٹ لے رہا تھا، بہت دنوں سے جو میرے اندر ایک اضطرابی لہر سر اُٹھائے لہو کی گردشوں میں رواں دواں تھی اُس کا بھید کھل رہا تھا۔میں اُنہیں کیسے بتاؤں کہ اِس سفر کے لیے،اس پر جانے کے لیے میں ازل سے ہی احرام باندھے تیّار بیٹھا ہوں۔بات چیت ختم ہوئی اور مجھ میں مسافت کا آغاز ہوا۔پاسپورٹ کی کاپیاں،تصویریں اپنی شاعری اور دوسرے ضروری کاغذات روانہ کر دیے گئے۔

میں نے اپنی شاعری کے حوالے سے دنیا کے بہت سے ملکوں کا سفر کیا ہے اور یہ سفر جاری ہے،اللہ کا بے پناہ کرم کہ اُس نے میری آواز کو،میری شاعری کو(جو اُس کی عطا ہے) دنیا کے کونے کونے تک رسائی عطا فرمائی اور میرے لیے محبّتوں کے، چاہنے والوں کے، دعائیں کرنے والوں کے دریچے وا کیے۔اور پھر اچانک ایک ایسا سفر...جس کی حسرت اور آرزو میں ہم جیتے ہیں۔میں اپنا جائزہ لیتا ہوں، کوئی عمل نہیں، بالکل خالی ہوں۔مگر یہ اُس کا احسان اُس کا فضل ہے کہ اُس نے مرا پیمانۂ عشق ہمیشہ لبریز رکھا

کتنی بوسیدگی ہے مجھ میں سلیم
اُن سے مل آؤں تو نیا ہو جاؤں

میں نیا ہونے جا رہا تھا، میں حرم جا رہا تھا اور پھر مدینے کا سفر۔ آقا کریم ﷺ کے شہرِ مقدّس کی طرف... جہاں اُن کے دربار میں زمانوں کے زمانے سرنگوں ہیں، جہاں فقیروں کی جھولی میں بادشاہی ہے، جہاں دیدہ نادیدہ زمانے قطار بنائے کھڑے ہیں، جہاں دُرود وسلام کی فضا نورِ الٰہی سے مشک بار ہے۔ وہ جن کی رحمت دونوں جہانوں کو اپنے سایۂ محبت آفریں میں لیے ہوئے ہے۔ آپ ﷺ نے اندھیروں میں ٹھوکریں کھاتے ہوئے انسان کو اپنے ربّ سے ملا کر وہ روشنی عطا کی جو صاف ستھرے، سچّے کھرے اور معراجِ انسانیت سے ہم کنار راستے کی طرف رہنمائی کرتی ہے۔ آپ ﷺ نے ہم بکھرے ہوئے انسانوں کو اپنے خُلقِ عظیم سے سمیٹ کر، جہالت کی چلچلاتی دھوپ سے اُٹھا کر علم و آگہی کی معرفت سے لبریز چھاؤں بھری نئی زندگی عطا فرمائی۔ وہی اوّل و آخر ہیں، اُن کے بعد کوئی نہیں، کوئی نہیں، کوئی نہیں۔ میں اپنے آقا کریم ﷺ کا اُمّتی ہوں اور اُمّتی ہونے کا یہ اعزاز مجھے میرے ربّ نے عطا کیا ہے۔ اور آج مجھے میرے ربّ کی طرف سے اجازت نامہ ملا ہے کہ اُس کے شہر اور اپنے آقا و مولا کے دربارِ عالی میں قدم بوسی کے لیے حاضری دوں اور اس شہرِ مقدّس کی خاک کو سرمہ بناؤں۔ دن قریب آتے چلے گئے، بہت قریب... اور پھر... وہی فون کی گھنٹی، وہی آواز... سلیم صاحب! مشاعرہ ملتوی ہو گیا، ویزے نہیں مل سکے۔ اُنھیں کیا معلوم مشاعرہ تو بہانہ تھا، میں تو کہیں اور جانے کی تیّاریوں میں مصروف تھا، میں نے ادھر اُدھر دیکھا، یہ آواز میرے علاوہ کسی نے سُنی تو نہیں۔ اس آواز کی بازگشت سے میرے اندر وصال موسموں کے رنگ منجمد ہونے لگے، ہوا تھم سی گئی، حبس بڑھنے لگا۔ میں نڈھال اور بوجھل قدموں کے ساتھ کمرے سے باہر نکل آیا، اندر بہت گہرا سنّاٹا ہو گیا تھا کیا کرتا، کسے کہتا اور کیا کہتا، اپنا آپ اچھا نہیں لگ رہا تھا، کچھ بھی ٹھیک نہیں ہو رہا تھا۔ مجھے یاد ہے میں بہت لڑکھڑایا تھا، بہت رویا تھا، بہت گڑگڑایا تھا اپنے ربّ کے حضور۔ ہر ایک کو میرے جانے کی خبر تھی مگر اب سفر ملتوی ہو چکا تھا۔ میں نے بہت ہجر جھیلے تھے آج پتا چلا کہ ہجر اصل میں ہوتا کیا ہے۔ میں اپنی روح کے ساتھ گریہ کناں تھا اور خاموش! اسی خامشی میں ایک صدا اُبھرتی ہے۔

وہ ابھی بلائیں کہ بعد میں، مجھے محو رہنا ہے یاد میں
میَں صدائے عشقِ رسولؐ ہوں، مرا رابطہ تو بحال ہے

ہاں مجھ گنہ گار کا رابطہ ہمیشہ بحال رہا۔ میری زندگی میں جو خوشیاں ہیں، جو عزّت و توقیر ہے، جو وقار ہے، سب دُرود وسلام کی بدولت اور اُنؐ کی یاد کا صدقہ ہے... اللہ اکبر... دُرود اُنؐ پر اللہ بھیجتا ہے ہمیں تو اللہ کے حضور عرض گزاری کا اجر ملتا ہے، دیکھیے تو...

اَللّٰھُمَّ صَلِّ عَلٰی مُحَمَّدٍ وَّعَلٰی اٰلِ مُحَمَّدٍ کَمَا صَلَّیْتَ عَلٰی اِبْرَاھِیْمَ وَعَلٰی اٰلِ اِبْرَاھِیْمَ اِنَّکَ حَمِیْدٌ مَّجِیْدٌ اَللّٰھُمَّ بَارِکْ عَلٰی مُحَمَّدٍ وَّعَلٰی اٰلِ مُحَمَّدٍ کَمَا بَارَکْتَ عَلٰی اِبْرَاھِیْمَ وَعَلٰی اٰلِ اِبْرَاھِیْمَ اِنَّکَ حَمِیْدٌ مَّجِیْدٌ

دُرود صرف خدا بھیجتا ہے اُن پہ سلیم
ہمیں تو عرض گزاری کا اجر ملتا ہے

دوسرا برس آ گیا... وہی فون... وہی آواز... وہی پیغام، آپ جدّہ مشاعرے میں آ رہے ہیں۔ بس تیاری کیجیے۔ وقت پھر پلٹ رہا تھا، میں جیسے ایک بار پھر گزرے ہوئے برس کی دہلیز پر جا کھڑا ہوا... میرا اضطراب، میرا جنوں، میرا عشق تھا اور میں تھا، میرا ہجر تھا، مجھے اپنا ہجر عزیز تھا یہ ہجر بھی تو قسمتوں سے ملتا ہے، جس نے مجھے وصال کی لذّت سے آشنا کیا تھا، عشقِ مصطفےٰ ﷺ کی شدّت سے روشناس کرایا تھا، مجھ بے مہار کو مہار ڈال دی تھی اس ہجر نے۔ میں پھر ہرا بھرا ہو رہا تھا۔ مشاعرہ تو ایک بہانہ تھا، مجھے تو کہیں اور جانا تھا، میری جبیں حرم کی دہلیز پر رکھی ہوئی تھی وہاں سے اُٹھوں گا تو آقاؐ و مولاؐ کے شہرِ اقدس کی جانب روانہ ہو جاؤں گا۔

سِمٹنا کیا ہے مرا اور کیا بکھرنا مرا
حضورؐ آپ ﷺ کی خاطر ہے جینا مرنا مرا

وہی تیّاریاں، وہی انتظار، وہی بے چینی، وہی سرخوشی، وہی اضطراب... اب گیا کہ اب گیا... صبر، مگر یہاں مندرجہ بالا تمام کیفیّتوں کا نام صبر ہے۔ اور وہ یوں کہ بہت قریب آتے ہوئے دن، نزدیک آتے ہوئے منظروں کی شادابی، اور پھر گزرتے ہوئے صبح وشام کے سائے میرے آس پاس سجے ہوئے تھے... اور ادھر پھر وہی آواز... مشاعرہ ملتوی ہو گیا ہے سلیم صاحب، ایسا کبھی نہیں ہوا، ایسا پہلی بار ہوا ہے پچھلے دس سالوں سے تسلسل کے ساتھ ہمارا مشاعرہ منعقد ہو رہا ہے، یہ دو برس سے نہ جانے کیا ہو رہا ہے... دیکھا آپ نے صبر وضبط، یہ صبر وضبط بھی وہی عطا کرتا ہے۔ دعا کی کن حالتوں میں آ پہنچا تھا، کوئی عمل بھی تو ایسا نہیں تھا کہ جس سے خوش ہوا جا سکے، اطمینان ہو سکے، یہ کیا کیا میں نے اپنے ساتھ... اے اللہ! مجھ پر رحم کر تیرا کرم ہی مجھے بچا سکتا ہے۔ میرے مولا مجھے بچا لے، میں مر جاؤں گا اگر تو نے رحم نہیں کیا، جانے اس خیال نے کہاں سے میرے دل میں سر اُٹھایا... کہ اس کا سبب کہیں میں تو نہیں، اور پھر خود پر نگاہ کی، میں تھا بھی تو بہت گنہ گار، نامۂ اعمال سیاہ تھا، یہ خیال آنا تھا کہ میرے اندر کوئی دھاڑیں مار کر رونے لگا اور پھر میرا گلہ رندھ گیا، میرا پورا وجود سسکیوں میں دھڑک رہا تھا۔ میں بے تحاشہ آنسوؤں میں

بھیگتا چلا گیا، کسی تک میری آواز تو نہیں پہنچ رہی تھی... مجھے لگا نہیں کوئی ہے جہاں میری آواز پہنچ رہی ہے، کوئی مجھے سننے والا تو نہیں... میں نے محسوس کیا، کوئی مجھے بڑی توجہ سے سُن رہا ہے۔ کوئی میرے آنسوؤں کو پوچھنے والا نہیں، مگر اگلے ہی لمحے کوئی میرے آنسوؤں کو موتی بنانے لگا تھا۔ میری آواز میرے اندر گھٹ رہی تھی مگر کوئی مجھے صاف سُن رہا تھا... کون تھا، جانے کون، کوئی شہ رگ سے بھی قریب...

ہم شکستہ دلوں کو نیا حوصلہ ،صرف اللہ ہے ،صرف اللہ ہے ،صرف اللہ ہے
سب کا حاجت روا سب کا مشکل کُشا ،صرف اللہ ہے ،صرف اللہ ہے ،صرف اللہ ہے

شب و روز گزرتے چلے گئے، گردشِ وقت گزرتے بکھرے ہوئے لمحوں کے جگنوؤں کو سمیٹ کر کاسۂ دل میں جمع کرتی رہی۔ مجھے لگا میری تنہائی محفل میں بدل رہی ہے۔ یہ محفل دُرود وسلام کی محفل ہے جو نعتِ رسول ﷺ کی خوشبوؤں سے معطر ہے۔ اس محفل میں یہ جگنو چراغ بن کر ہر طرف جگمگ جگمگ کر رہے ہیں۔ میں مختلف ملکوں کے سفر پر آتا جاتا رہا، مگر یہ محفل مجھ میں برپا رہی اور اس محفل کی مجموعی فضا، مجھے عشق کے نئے امکانات، نئے ذائقوں، نئی وسعتوں سے ہمکنار کرتی رہی...

"سیّد المرسلین ﷺ ، میں کہیں بھی نہیں
نیک نامی سے تہمت چھلکنے لگی، صرف رسوائیاں میرے اطراف ہیں، میرے چاروں طرف بھیڑ ہی بھیڑ ہے،
پھر بھی تنہائیاں میرے اطراف ہیں، جسم جن کا نہیں، روح جن میں نہیں، کیسی پرچھائیاں میرے اطراف ہیں،
محفلوں کے تسلسل میں زندہ ہوں میں، اور ویرانیاں میرے اطراف ہیں، کوئی مشکل نہیں اور مشکل یہ ہے،
سخت آسانیاں میرے اطراف ہیں، میری ترتیب وتقویم کے لاحقے، سارے تبدیل ہوتے چلے جا رہے ہیں،
بتاؤں کیسے، میرے پیروں میں سورج ہے سر پر زمیں،
سیّد المرسلین ﷺ میں کہیں بھی نہیں"

یہ تیسرا برس تھا میں جیسے ہی دفتر میں داخل ہوا، استقبالیہ سے ایک نوجوان (مجھے اس کا نام یاد نہیں اللہ اسے سلامت رکھے) آگے بڑھا بہت عقیدت و احترام سے گلے ملا، ہاتھ ملایا، یہاں بیٹھیے سر آپ، اُس نے کرسی کی طرف اشارہ کرتے ہوئے کہا، میں بیٹھ گیا، اس نے مجھے پانی پلایا، چائے لاؤں سر، بہت محبّت سے اس نے کہا، بھئی میں گھر سے آ رہا ہوں، اور پھر میں روز ہی آتا ہوں آج کوئی خاص بات ہے کیا؟ سر، گزشتہ شب دفتر (پی ٹی وی) میں حج پر جانے والوں کے سلسلے میں جو قرعہ اندازی ہوئی تھی اُس میں آپ کا نام نکل آیا ہے، مبارک ہو سر، اس نے پھر گرم جوشی سے میرا ہاتھ اپنے ہاتھ میں لیا اور دیر تک مجھے اپنے جذبات کا احساس دلاتا رہا۔ کاسۂ دل میں جگمگ کرتے ہوئے جگنوؤں نے میری آنکھوں

کے گرد روشنی کا عجیب ہالہ بنا دیا تھا۔ یہ جو تم نے ابھی کہا ہے اسے دوبارہ کہو، میں نے اس نوجوان سے درخواست کی۔ سر دیکھیے، سامنے نوٹس بورڈ پر سرکلر لگا ہوا ہے اور وہ رہا سب سے اوپر آپ کا نام۔ میں نے اسے گلے لگا لیا، شکریہ ادا کیا۔ اب میں کوئی اور تھا، میں اچانک اور سے اور ہو گیا تھا۔ میرے اندر جما ہوا بوسیدہ پن چیخ رہا تھا۔ میرے اللہ نے مجھے عجیب شانِ اعتبار اور افتخار سے اجازت مرحمت فرمائی تھی اپنے شہر میں آنے کی، اپنے محبوب میرے آقا و مولا حضرت محمد ﷺ کے دربارِ اقدس کی خاک پر قدم بوسی کے لیے۔ میرے یہ نصیب کہاں تھے مگر اُس کی عطا، استقبالیہ کے بائیں طرف مسجد تھی، میرے قدم خود بخود مسجد کی طرف اُٹھتے چلے گئے۔ کوئی نہیں تھا وہاں، مگر کوئی تھا جس نے مجھے سہارا دیا اور پھر میں اظہارِ تشکّر سے، مسرّت و انبساط سے اُمڈے ہوئے آنسوؤں سے وضوء کرتا ہوا، رحمت و فضل سے لبریز بادلوں کی گھٹاؤں میں بھیگتا چلا گیا... ؎

نویدِ بادِ بہاری کے دن ہیں اے مرے دل
عجیب شکر گزاری کے دن ہیں اے مرے دل
یہ جشنِ اشک منانے کی رُت ہے اے مری چشم
یہ تیری عرض گزاری کے دن ہیں اے مرے دل

میرے ہجر وصال ہو گئے تھے، مجھے لگا کہ آئینہ وصال میں موسمِ ہجر کا عکس سحر آفریں ساعتوں کے جھرمٹ میں لہلہا رہا ہے۔ اس ہجر نے میرے عشق کو مہمیز کیا تھا پھر مجھے آواز دے رہا تھا کہ اُنؐ کے دربار تک حاضری کے سفر میں میرا سلسلۂ اشک بھی شامل رہا ہے۔ میرے اداس، پھیکے اور میلے رنگ خوش حال ہو رہے تھے۔ میں حرم جاؤں گا جہاں جبیں پہلے ہی اپنے رب کے حضور سجدہ ریز ہے اور بے شمار، ان گنت سجدے ہیں جو میری جبینِ نیاز میں وہاں ادا ہونے کے لیے تڑپ رہے ہیں۔ میں مدینے جاؤں گا جہاں سیّد الانبیاء امام الانبیاء، اللہ کے محبوب، شافع محشر، محسنِ انسانیت، اللہ کے آخری نبیؐ، ہمارے آقا و مولا حضرت محمد مصطفیٰ ﷺ آرام فرما ہیں۔ مدینہ، یثرب تھا، آپ کی آمد نے اسے مدینہ بنا دیا۔ مدینہ جو وقت کی جھلسا دینے والی دھوپ، چیختی چنگھاڑتی اعصابی بیماریوں میں مبتلا کرتی روشنیاں اور بے ہنگم آوازوں کے شور اور گمرہی سے بالکل الگ، ہماری آنکھوں کی ٹھنڈک اور سکونِ قلب و نظر کی آخری منزل ہے۔ مدینہ جو ہمیں باعزّت زندہ رہنے اور باوقار ہونے کے آداب سکھاتا ہے۔ مدینہ، رَحمتُ اللّعالمین کا مدینہ، جہاں فتح مکّہ کے بعد بھی آپؐ نے قیام پزیر ہونا پسند فرمایا۔ مدینہ، خطۂ ارض پر پہلی اسلامی ریاست کے طور پر نمودار

ہونے والا مقدّس شہر، یہ آپؐ کے قدموں کا صدقہ ہی تو ہے۔ آپؐ کا معاشرہ، قیامت تک بننے والے تمام معاشروں میں اپنے عمل کی ہر تہذیب میں انتہائی مہذّب اور ترّقی یافتہ معاشرہ ہے اور آپؐ قیامت تک آنے والے انسانوں میں سب سے زیادہ ترّقی یافتہ شخصیت ہیں۔ آپؐ کی پوری زندگی پر قرآن گواہی دے رہا ہے اور آپؐ کی حیاتِ طیبّہ کا عمل قرآن کی صداقت کا عَلم بردار ہے، دین و دنیا کا کوئی شعبہ ہو آپؐ کی حیاتِ طیبّہ نورِ ہدایت ہے، آپؐ اللہ کے آخری پیغمبرِ عظیم اور قرآن آخری کتابِ عظیم ہے۔ سب ترتیبِ زمان و مکان آپؐ ہی کے لیے، آپؐ سا کوئی نہیں، نہ کوئی تھا اور نہ ہوگا۔ آپؐ کے بتائے ہوئے راستے پر چلنا انسانیت کی فلاح اور ترّقی و کامرانی کی معراج ہے۔

میرے سفرِ حج کی ترتیب میں پہلے حرم پہنچنا تھا۔ اللہ کریم مجھے صاف ستھرا بنا کر، پاک صاف کر کے شہرِ آقاؐ کی طرف روانہ کریں گے۔ اس سوچ ہی نے مجھے اندر سے نیا نیا اور اُجلا سا کر دیا تھا۔ میں بہت خوش تھا، یہاں خوش ہونا لغت کے معنوں میں نہیں، میں سچ مچ خوش ہونے کی کیفیتوں سے گزر رہا تھا۔

میں کیسے بھول سکتا ہوں میرے کشفی صاحب (ابوالخیر کشفی) مجھے احرام باندھنا سکھا رہے تھے، ایک ایک بات سمجھا رہے تھے، میں اُنہیں بغور سُن رہا تھا اور دیکھ رہا تھا، وہ حرم اور مدینے کی باتیں کر رہے تھے، سیّد المرسلینؐ کا ذکر اُن کی زبان پر جاری تھا، دروازے سے باجی (اُن کی شریکِ سفر) نے مسکرا کر دیکھا اور واپس چلی گئیں، میری زندگی کے کٹھن راستوں کو باجی کی دعاؤں نے بھی آسان کیا ہوا ہے، آج بھی اُن کی دعاؤں کا حصار مجھے اپنے اطراف محسوس ہوتا ہے، اللہ اُنہیں سلامت رکھے۔ ''یہ جو طویل دعائیں کتابوں میں درج ہیں اتنی جلدی کیسے یاد ہوں گی''؟ میں نے کشفی صاحب سے دریافت کیا۔ جتنی یاد ہوسکتی ہیں کرلو جو اُس وقت لبوں پر جاری ہوں مانگتے رہنا نہیں تو دُرود پڑھتے رہنا۔ کشفی صاحب نے کہا، درود پڑھنے سے یہ ہوگا کہ تمہاری گیند اللہ تعالیٰ کی کورٹ میں رہے گی اور کیا چاہیے تمہیں، آج کشفی صاحب بہت یاد آرہے ہیں۔ اللہ اُنہیں غریقِ رحمت کرے اور اُن کے درجات بلند فرمائے۔ اُنہوں نے میرے نعتیہ مجموعے کا بہت انتظار کیا تھا، وہ مجھے اپنی نسبتوں سے کیسے کیسے محبّت کرنے والوں سے ملا گئے ہیں اس کا اندازہ آسان نہیں ہے، مجھے اپنی ایک نعت نہیں مل رہی تھی، بہت تلاش کی گئی، جس جریدے میں کشفی صاحب نے شائع کی تھی اس کے مدیرِ محترم سے بھی رابطہ کیا گیا مگر مسئلہ حل نہیں ہوا، ایک دن ڈاکٹر داؤد عثمانی (کشفی صاحب کے شاگرد رشید) کا فون آیا میں نے اُن سے تذکرہ

کیا، اُسی دن سخت گرمی میں شہر کے دوسرے کنارے سے اس کی فوٹو کاپی لیے چلے آرہے ہیں۔ ابو احمد عاکف (کشفی صاحب کے صاحبزادے) بہت خیال رکھنے والا بھائی اور دوست، اپنی انتہائی مصروف زندگی سے وقت نکال کر مجھے اور میرے بکھرے کام سمیٹنے آجاتا ہے، سلیم مغل بھی تعلق اور چاہتوں کے تہذیبی افق پر ایک ستارا ہے جو دلوں میں گھر کرنے کا ہنر جانتا ہے اس مجموعے کی اشاعت میں شریک ہے۔ نصیر احمد سلیمی محبّتوں کی کرنوں سے بنا ہوا ایک آدمی ہے، بہت مشکل دنوں میں بہت آسانی کے ساتھ میرا ساتھ نبھایا اور کچھ یوں کہ محسوس تک نہیں ہونے دیا، اس مجموعے کی اشاعت کے لیے ان کا اضطراب اور بے چینی دیکھنے والی ہے اور اس کے لیے وہ سب کچھ کرنے کو تیّار رہتے ہیں۔ اُدھر سرزمینِ حجاز سے اطہر عباسی اور انور انصاری صحنِ حرم سے دعائیں بھیجتے ہیں اور مجموعے کا انتظار کرتے ہیں۔ خیالوں اور خوابوں کے بے بہا تسلسل سے ماورا بھی منظروں کا ایک جہاں آباد ہے جو آئینۂ دل میں عکس ریز ہے، میں دیکھ رہا ہوں اُسے، ملنا چاہتا ہوں میں ان ماورائی خوابوں کی سچائیوں سے۔ میں ابھی سوچ ہی رہا تھا کہ کشفی صاحب کی آواز نے مجھے چونکا دیا... یہ تم کہاں کھو جاتے ہو، میں تمہیں کب سے آواز دے رہا ہوں، کہاں گم ہو جاتے ہو، میں کہہ رہا تھا، تم دُرود پڑھتے رہنا دُرودِ ابراہیمی، دُرود پڑھنے سے ہوگا یہ تمہاری گیند اللہ تعالیٰ کی کورٹ میں رہے گی، اور کیا چاہیے تمہیں اور پھر یہی ہوا... ؎

کچھ ایسا سلسلۂ رنگِ ابر و باد رہا
دعائیں بھول گیا میں دُرود یاد رہا

میں کیسے بھول سکتا ہوں حرم سے مدینہ اور ادھر ارکانِ حج کی ادائیگی کے دوران مجھے کیسی کیسی سہولتیں میسر آئیں۔ میری رہائش حرم سے سات آٹھ منٹ کے فاصلے پر تھی، مدینے پہنچا تو بس نے جس ہوٹل کے سامنے اتارا، وہ مسجدِ نبوی سے تقریباً چالیس منٹ کے فاصلے پر تھا یا شاید زیادہ، میں خوشی سے جھوم گیا، اس فاصلے پر اور اپنے پیدل چلنے پر، منیٰ سے حرم کی طرف بھی میں پیدل ہی روانہ ہوا تھا، اس تمام سفر میں اور بہت سی نعمتوں کے ساتھ اللہ کریم نے میرا کاسۂ سخن بھی نعمتِ سخن سے خالی نہیں ہونے دیا۔

کبھی ہَوا سے کبھی خود سے گفتگوئے حَرم
کہ آج مَیرا سفَر ہے منیٰ سے سُوئے حرم

ہم ہوٹل کے کمرے میں سامان رکھ چکے تھے، اچانک کمرے میں نصب اسپیکر پر ہمارے نام پکارے گئے، آپ صاحبان نیچے تشریف لے آئیں اور سامان بھی ہمراہ لیتے آئیں۔ ہم پانچ آدمی تھے

استقبالیہ پر معلوم ہوا ہمارا قیام یہاں نہیں ہے۔ وہی بس جو ہمیں حرم سے لے کر آئی تھی وہ مسجدِ نبوی کی جانب لیے جا رہی تھی، اب جس ہوٹل میں ہمارا قیام تھا سڑک پار کریں اور سامنے مسجدِ نبوی کا روح پرور نظارہ اور گنبدِ خضریٰ کا جگمگاتا ہوا چہرۂ اقدس...۔

سلیم گنبدِ خضریٰ کی روشنی ہے عجب
جہانِ نور سمایا ہے اُس نگینے میں

مگر اب سڑک کیسے پار ہو، درمیان میں صدیوں کا فاصلہ بچھ گیا ہے۔ میں اب سڑک کے کنارے اپنا جائزہ لیتا ہوں، سنّاٹوں بھری ویرانی نے مجھے شل کر دیا، تم کون ہو سلیم کوثر، کیا منہ لے کر جاؤ گے اُنؐ کے حضور، ساری عمر تم نے حکم عدولی کی ہے، تم تو محفلوں کے غرور میں مبتلا رہے ہو، جس نے تمہیں یہ ہنر اور نعمتیں عطا کی ہیں تم اس کا شکر بجا نہیں لاتے، تم کہاں کے شاعر ہو، تمام فضیلتیں، ساری عزّتیں، شہرتیں اور توقیر تم نے خود تو حاصل نہیں کیں، یہ تو تمہیں عطا کی گئی ہیں اور جس نے عطا کی ہیں تم اس کی طرف نہیں لوٹتے، تمہارا کوئی عمل آقا کریمؐ کی سنّت کے مطابق نہیں ہے، تمہارے سامنے ہدایت کے سارے راستے کھلے ہوئے ہیں اور تم ادھر نہیں آتے، نہ آتے ہو نہ آنے کی توفیق مانگتے ہو، نہ کوشش کرتے ہو۔ تم آتے بھی کیسے کہ تم تو خود نمائی کے زعم میں گرفتار ہو، تمہاری زندگی کی کتاب خالی ہے، کچھ نہیں ہے اس میں بجز سیاہی کے، تم کیسے عاشق ہو، اُن سے عشق کرتے ہو اور اُنؐ کی طرف نہیں آتے۔ میں ٹوٹ پھوٹ جاتا ہوں، سب کچھ سچ تھا میں ندامتوں کے بھنور میں اور شرمندگی کی تند و تیز لہروں کی زد پر تھا، ہچکیوں اور سسکیوں سے میرا پورا وجود لرز رہا تھا، قدم تھے کہ زمین میں دھنسے جا رہے تھے... اے میرے ربّ مجھے معاف کر دے، معاف کر دے میرے ربّ مجھے، مجھ پر میری آل پر رحم فرما، میرے آنسوؤں سے صدائیں بلند ہو رہی تھیں، حوصلہ دے میرے ربّ، اے اللہ توفیق اور استقامت عطا فرما، مجھ گناہگار پر رحم فرما، میں مر جاؤں گا مرے اللہ اگر تو نے معاف نہیں فرمایا۔ کچھ بھی ٹھیک نہیں ہے میرے قدم دربارِ مصطفیٰ کی طرف کیوں نہیں اُٹھ رہے، معاف کر دے میرے ربّ، مجھے سنبھال میرے اللہ، میں تیرا حقیر فقیر بندہ... ایسی جھڑی کب دیکھی تھی میں نے جو اس دن میرے آنسوؤں نے لگائی ہوئی تھی، یہ سلسلۂ رنگِ ابر بادِ حرم میں جاری تھا مدینے آ کر سارے بند ٹوٹ گئے میں ایک سیلِ رواں اور دیدہ نادیدہ طوفانی لہروں

میں ڈوبتا چلا گیا... اور پھر ؎

میں غرق ہوتا ہوا آدمی تہہِ گریہ
پھر ایک لہر اُٹھی اور مجھے بچا یا گیا

جیسے میرے سینے پر کسی نے ہاتھ رکھ دیا، میرے جسم میں منجمد ہوتی رگوں میں لہو کی گردش کو بحال کیا مجھ میں نئی روح پھونکی، مجھے دوبارہ زندہ کیا گیا، حوصلہ، ہمّت و استقامت کی توفیق بخشی گئی، میں ندامت وشرمندگی کی بارشوں میں شرابور بے تحاشہ ادب واحترام نہایت عاجزی کی تصویر بنا جھکی ہوئی نظروں کے حصار میں اُنؐ کی چوکھٹ کے ایک طرف کھڑا تھا، پھر مجھے کسی نے اُنؐ کی دہلیز کے قریب کر دیا، وہ جو رحمت اللعالمین ہیں... ؎

سلام کے لیے دہلیز پر کھڑا ہے غلام، حضور آپ ﷺ پر لاکھوں دُرود اور سلام
مقام آپ ﷺ کا اونچا بڑا ہے آپ ﷺ کا نام، حضور آپ ﷺ پر لاکھوں دُرود اور سلام

باقی گفتگو ان شاءاللہ آئندہ، آپ مجموعہ پڑھیے... اور مجھے دعاؤں میں یاد رکھیے۔

گدائے شہرِ مدینہ

سلیم کوثر
۱۵/ فروری

حمد اور نعت بہم ہیں آباد   صفحے روشن ہیں قلم ہیں آباد
دو جہانوں کی حدوں سے آگے   آپ ﷺ کے نقشِ قدم ہیں آباد
جولائی/۱۹۹۶ء

حمد

صبح کے نور میں نہائے ہوئے
اپنے اپنے گھروں کی خوشبو سے
حمدِ ربِّ جلیل کرتے ہوئے
آب و دانہ کی جستجو میں کہیں
اب پرندے نکلنے والے ہیں
میں بھی مسجد کی سمت جاتا ہوں
اپنے اللہ کو مناتا ہوں

۸ر جولائی ۲۰۱۳ء

حاضر ہُوں اور لبوں پہ ہے تالا قبول کر
لکھّا ہے آنسوؤں سے مقالہ قبول کر

میں جس کی روشنی میں نہایا ہوں عُمر بھر
اپنا دِیا ہوا وہ اُجالا قبول کر

تیرے کرم سے تیری طرف آ گیا ہوں میں
جیسا بھی ہوں میں چاہنے والا قبول کر

سب اعتراف و عجز کے موتی پرو کے میں
لایا ہوں اِک دعاؤں کی مالا قبول کر

سرکارِ دوجہاں کے سِوا کون ہے مِرا
میں اُنؐ کا ہوں ، اُنہی کا حوالہ قبول کر

دسمبر ۲۰۱۲ء

ساری عُمر کی صبحوں اور شاموں پر بھاری ہے

ایسی روشن رات گزشتہ رات گزاری ہے

چاروں جانب نور کا گہرا ساگر ہے جس میں

آنکھیں بھید بھری کشتی دل ایک سواری ہے

پھر میں نے اِک ہاتھ کو سینے پر محسوس کیا

ایک آواز کی میں نے بھی تصویر اُتاری ہے

مارچ ۱۹۹۳ء (لیلۃالقدر)

اِس سے پہلے کہ یہ دُنیا مجھے رُسوا کر دے
تو مرے جسم مِری رُوح کو اچھا کر دے

کس قدر ٹوٹ رہی ہے مری وحدت مجھ میں
اے مرے وحدتوں والے مجھے یکجا کر دے

یہ جو حالت ہے مری، میں نے بنائی ہے مگر
جیسا تو چاہتا ہے اب مجھے ویسا کر دے

مرے ہر فیصلے میں تری رضا شامِل ہو
جو ترا حُکم ہو وہ میرا ارادہ کر دے

مجھ کو ہر سمت اندھیرا ہی نظر آتا ہے
کور بینی کو مِری دیدۂ بینا کر دے

مجھ کو وہ علم سکھا جس سے اُجالے پھیلیں
مجھ کو وہ اِسم پڑھا جو مجھے زندہ کر دے

میرے لوگوں کو جہالت کے اندھیروں سے نکال
میرے بچّوں کو مہ و مہر و ستارا کر دے

میں مسافر ہوں سو رستے مجھے راس آتے ہیں
میری منزل کو مرے واسطے رستہ کر دے

ضائع ہونے سے بچا لے مرے معبود مجھے
یہ نہ ہو وقت مجھے کھیل تماشا کر دے

میری آواز تری حمد سے لبریز رہے
بزمِ کونین میں جاری مرا نغمہ کر دے

اگست/۱۹۹۳ء

وہ یقین جو مجھے خودستائی کی محفلوں سے نکال دے
مری گمرہی کے مزاج داں مرے دل میں چپکے سے ڈال دے

وہی میں ہوں اور وہی گردِ تیرہ میں بے نشاں سی مسافتیں
کبھی منزلوں کی نوید سے مرے راستوں کو اُجال دے

میں وہ بدنصیب جو خواہشوں کے بھنور میں خود سے بچھڑ گیا
کوئی لہر جو مجھے ڈھونڈ کر کہیں ساحلوں پہ اُچھال دے

میں جو اپنے عہد کی سازشوں کا اسیر بھی ہوں شکار بھی
مری خامشی کو سخن بنا مری عاجزی کو کمال دے

مرے جسم و جاں پہ گزرتے وقت کی انگلیوں کے نشان ہیں
مجھے اپنے سائے میں دھو کے سوکھنے اپنی دھوپ میں ڈال دے

میں اِدھر اُدھر کی مسافتوں کے غبار میں ہوں اَٹا ہوا
مرے سارے رنگ اُتار کر مجھے اپنے رنگ میں ڈھال دے

اکتوبر ۱۹۸۹ء

وہ رات سے دن کشید کرتا ہے، دھوپ سے چھاؤں کاڑھتا ہے
چراغ تخلیق کرنے والے نے تیرگی کو بہم کیا ہے

وہ میری سب حالتوں سے واقف ہے اور میں اُس کی پناہ میں ہوں
جو میرا باطن نکھارتا ہے تو میرا ظاہر سنوارتا ہے

نہ کام میرا نہ نام میرا نہ عِلم میرا ہے اور پھر بھی
وہ مجھ میں پوشیدہ قوّتوں کو عجَب طرح سے اُبھارتا ہے

سلیم آغاز بھی اُسی سے سلیم انجام بھی اُسی پر
وہ وقت میری اذان کا تھا یہ وقت میری نماز کا ہے

اعزاز کیسا ارفع و اعلیٰ دیا مجھے
عشقِ حضورِ سیّدِ والا دیا مجھے

پُتلی پہ نقشِ اسمِ محمد ﷺ اُبھار کر
آنکھوں کے گرد نور کا ہالا دیا مجھے

ٹھوکر وہ تھی کہ میرا سنبھلنا محال تھا
ایسے میں بڑھ کے تو نے سنبھالا دیا مجھے

فرشِ زمیں پہ رنگ بچھائے مرے لیے
تاروں بھرے فلک کا دوشالا دیا مجھے

جو میری زندگی کی دعا مانگتا رہا
دشمن بھی کیسا چاہنے والا دیا مجھے

سچّائی میری رُوح کے اندر اُتر گئی
رزقِ حلال کا وہ نوالہ دیا مجھے

مجھ کو اِک اور ملک فراہم کیا گیا
اپنوں نے جب بھی دیس نکالا دیا مجھے

نفرت کی تیرگی کو نکالا اور اُس کے بعد
دل میں محبّتوں کا اُجالا دیا مجھے

دسمبر/جنوری/۲۰۱۲ء

نویدِ بادِ بہاری کے دن ہیں اے مرے دل
عجیب شکر گزاری کے دن ہیں اے مرے دل

یہ جشنِ اشک منانے کی رُت ہے اے مری چشم
یہ تیری عرض گزاری کے دن ہیں اے مرے دل

غبارِ خواہشِ دُنیا رہے نہ آئینوں پر
یہ تیری کارگزاری کے دن ہیں اے مرے دل

اگرچہ بوجھ گُناہوں کا ہے بہت لیکن
ہوا پہ تیری سواری کے دن ہیں اے مرے دل

تجھے بھی اذنِ حضوری مِلا مُبارک ہو
دعا کے سجدہ گزاری کے دن ہیں اے مرے دل

(حج کے لیے اجازت ملنے پر) ستمبر ۲۰۰۳ء

تِرے دیار میں، میں بھی ہوں شُکر ہے مِرے رَب
کسی شمار میں، میں بھی ہوں شُکر ہے مِرے رَب

یہاں پہ ہوش ہی کس کو ہے اپنے ہونے کا
اب اس دیار میں، میں بھی ہوں شکر ہے مِرے رَب

اِک انتظار میں جاں سے گزر چکوں تو کُھلے
اِک انتظار میں، میں بھی ہوں شُکر ہے مِرے رَب

وہ جس قطار میں ٹھہرے ہوئے زمانے ہیں
اُسی قطار میں، میں بھی ہوں شُکر ہے مِرے رَب

کھنچا ہوا ہے جو اہلِ وفا کے چاروں طرف
اسی حصار میں، میں بھی ہوں شُکر ہے مِرے رَب

(حرم شریف میں) ۱۰ فروری ۲۰۰۴ء

طواف کرتے ہیں گاتے ہیں طائرانِ حرم
فضا میں نور لٹاتے ہیں طائرانِ حرم

اذانِ صبح کی تطہیر میں نہائے ہوئے
سحر کو کیسے جگاتے ہیں طائرانِ حرم

نصابِ وقت میں تحریر کر رہی ہے ہوا
جو حمد و نعت سناتے ہیں طائرانِ حرم

وہ اُڑتے جاتے ہیں اوپر کہیں فضاؤں میں
مجھے بھی ساتھ اُڑاتے ہیں طائرانِ حرم

اُنہیں میں منظرِ ہفت آسماں مہکتا ہے
وہ دائرے جو بناتے ہیں طائرانِ حرم

وہ دستِ غیب اشارہ کرے ہے جس جانب
اُسی کا دانا اُٹھاتے ہیں طائرانِ حرم

کبھی سلیم مرے پاس بیٹھ جاتے ہیں
کبھی قریب بُلاتے ہیں طائرانِ حرم

۲۷ جنوری ۲۰۰۴ء (حرم پاک)

میں بابِ فتح سے گزرا ہوں پہلی بار اے یار
بدن لہو ہے مِرا، اور دلِ فگار اے یار

میں اِک ہجوم میں شاملِ قطار سے باہر
پھر ایک ہاتھ بنا تا گیا قطار اے یار

کوئی رفو کیے جاتا تھا میرا ایک اِک زخم
کہ سینہ چاک مرا اور دل فگار اے یار

میں جاں سمیٹ کے بیٹھا تھا ایک کونے میں
وہ کہہ رہا تھا کہ یہ قرض بھی اُتار اے یار

خُدا کرے کہ اُٹھے ایسی اضطراب کی لہر
دلوں کو آنے نہ پائے کبھی قرار اے یار

وہ بے شمار ہے اپنی صفات و بخشش میں
تو اُس کا ذکر نہ دانوں پہ کر شمار اے یار

چراغِ اشکِ ندامت بجھے ہوئے ہیں یہاں
ذرا سنبھل کے سنبھل کے ذرا اے یار اے یار

سوائے اُس کے نہیں کوئی بخشنے والا
مرے سوا نہیں کوئی گُناہ گار اے یار

نہ چھو سکے گی مجھے گردشِ زمانہ کبھی
طوافِ صحنِ حرم ہے مرا حصار اے یار

مِری انا کو کُچلتے ہوئے گزرتے ہیں
ہر ایک سمت سے آتے ہوئے سوار اے یار

مجھے بُلایا گیا بزمِ نُور و نکہت میں
پھر آئینے سے اُتارا گیا غُبار اے یار

یہ وہ جگہ ہے کہ ہر پل جہاں مہ و خورشید
اُتر رہے ہیں زمیں پر ستارا وار اے یار

یہی ہے نغمۂ ہجر و وصال کا آہنگ
فضا میں گونجتی لبیک کی پکار اے یار

شکوہِ قیصر و کسریٰ، غرورِ لات و منات
پڑے ہوئے ہیں یہاں ٹھوکروں میں خوار اے یار

یہ سیڑھیاں ہیں وہ دہلیز اور وہ پیکرِ نور
اب اس کے بعد کہاں خود پہ اختیار اے یار

کسی نے کھینچ لی منہ زور خواہشوں کی لگام
کسی نے ڈال دی جیسے مجھے مہار اے یار

یہاں پہ نرخ گھٹائے بڑھائے جاتے ہیں
یہیں سے چلتا ہے دُنیا کا کاروبار اے یار

وہ ایک بار کہ پھر لوٹ کر نہ جاؤں کبھی
خدا کرے کہ یہاں آؤں بار بار اے یار

میں جس کا تھا اُسی جانب پلٹ گیا آخر
زمانہ کرتا پھرے میرا انتظار اے یار

۲۷ جنوری ۲۰۰۴ء (حرم پاک)

تیری تسبیح پڑھتے رہتے ہیں
ترے اطراف گھومتے ہوئے لوگ

ایک سُنّت کی پیروی کے لیے
ایک پتّھر کو چومتے ہوئے لوگ

پھر اُٹھی لہر دل کے دریا میں
پھر اُبھرتے ہیں ڈوبتے ہوئے لوگ

بس ترا ذکر کرتے رہتے ہیں
اپنی ہی لے میں جھومتے ہوئے لوگ

۲۰ر فروری ر۲۰۰۴ء

ہم شکستہ دلوں کو نیا حوصلہ ،صرف اللّٰہ ہے ،صرف اللّٰہ ہے ،صرف اللّٰہ ہے

سب کا حاجت روا سب کا مشکل کُشا صرف اللّٰہ ہے ،صرف اللّٰہ ہے ،صرف اللّٰہ ہے

رحمتِ دوجہاں ،سیّدِ المُرسلاں ،عاصیوں کی اماں ،صرف میرے نبیﷺ صرف میرے نبیﷺ

خالق و مالکِ صبح روزِ جزا ،صرف اللّٰہ ہے ،صرف اللّٰہ ہے ،صرف اللّٰہ ہے

خواہشوں کی غلامی میں جکڑے ہوئے لوگ جھوٹی اناؤں کی تکمیل میں صَرف ہونے لگے

خیر کا اور سچّائی کا راستہ ،صرف اللّٰہ ہے ،صرف اللّٰہ ہے ،صرف اللّٰہ ہے

سارے علم و ہنر ،ایک پل کی خبر ،سارے فکر و نظر ،لمحہ لمحہ زمانے میں ہیں بے اثر

قائماً، دائماً، ابتدا، انتہا ،صرف اللّٰہ ہے ،صرف اللّٰہ ہے ،صرف اللّٰہ ہے

جس نے فتح مبیں کی خبر دی ہمیں، عزّتوں والی اِک رہ گزر دی ہمیں اور گھر بھر دیا
کون ہے جس نے وعدوں کو سچّا کیا، صرف اللہ ہے، صرف اللہ ہے، صرف اللہ ہے

چاند سورج ستاروں کی ترتیب میں، شاخ در شاخ پھولوں کی تہذیب میں اور ابابیل میں
کون ہے سوچنا، سوچنا تم ذرا، صرف اللہ ہے، صرف اللہ ہے، صرف اللہ ہے

کوئی آخر بھٹک کر کہاں جائے گا سب سلیم ایک ہی راستے کی لڑی سے بندھے ہیں یہاں
سارے کھوئے ہوؤں کا اتا اور پتا صرف اللہ ہے، صرف اللہ ہے، صرف اللہ ہے

۴ فروری ۲۰۰۴ء (حرم پاک)

یہ ابتدا جو ہوئی، میری چشمِ نم سے ہوئی
بہت دنوں میں مِری دوستی حرم سے ہوئی

دوران حج ۲۰۰۴ء

کبھی ہَوا سے کبھی خود سے گفتگوئے حرَم
کہ آج میرا سفر ہے منیٰ سے سُوئے حرَم

یہ ایک رنگ کے خیموں میں رنگ رنگ کے لوگ
سمیٹ لیتا ہے کِس طرح جانے کوئے حرَم

ہر ایک چشم پہ سیرابیاں نہیں کُھلتیں
ہر ایک دل سے گزرتی رہی ہے جوئے حرَم

درِ حبیب ﷺ کے آداب سیکھنے کے لیے
تمام عمر جگاتی ہے آرزوئے حرَم

اِسی لیے میں کبھی راستہ نہیں بھٹکا
کہ میرے ساتھ سفر میں رہی ہے بُوئے حَرم

وفا کی لَے پہ دھڑکتا ہوا دلوں کا ہجوم
طواف کرتے ہوئے دیکھ آبروئے حَرم

خُدا کے ذکر میں ہے عشقِ مُصطفےٰ ﷺ کی مَہک
مئے مدینہ سے لبریز ہے سُبوئے حَرم

یہی سَفر مِرے بچّوں کا بھی مقدّر ہو
حَرم سے سُوئے مدینہ وہاں سے سُوئے حَرم

بَس اِک اشارۂ بخشش کا منتظر ہوں سلیم
میں شرمسار کھڑا کب سے رُوبروئے حَرم

۳ فروری ۲۰۰۴ء (دورانِ حج)

کچھ اِس طرح سے مجھے آئینہ دکھایا گیا
میں سنگ دل تھا مجھے خوب ہی رُلایا گیا

مجھے دکھایا گیا میری مجلسوں کا غُرور
مری نگاہ میں میرا زمانہ لایا گیا

مجھے مِلایا گیا میرے خوابِ غفلت سے
پھر اُس کے بعد مجھے نیند سے جگایا گیا

مجھے سُنائی گئی میری زندگی کی کتاب
میں کیا ہوں، کون ہوں آخر مجھے بتایا گیا

بہت طویل تھی فہرست میرے وعدوں کی
کوئی بھی ایسا نہیں تھا کہ جو نبھایا گیا

میں غَرق ہوتا ہوا آدمی تہہِ گریہ
پھر ایک لہر اُٹھی اور مجھے بچایا گیا

میں بے شناخت زمانے کی ٹھوکروں میں رہا
پھر ایک ہاتھ بڑھا اور مجھے اُٹھایا گیا

وہ جانتا تھا کہ توہین کی گئی ہے مری
اُسے خبر تھی مجھے کس قدر ستایا گیا

جو حرف اس کے عطا تھے سنے گئے مجھ سے
اور اس کے ساتھ مِرا حوصلہ بڑھایا گیا

سُنی گئیں مری نعتیں بڑی توجّہ سے
پھر اُس کے بعد کوئی فیصلہ سنایا گیا

مِرے لیے بھی نکالی گئی جگہ کوئی
مرے لیے بھی کوئی راستہ بنایا گیا

ہوا کو حُکم مِلا ہے مجھے سمیٹنے کا
کہ ساری عمر مجھے خاک میں ملایا گیا

مرے لیے یہی اعزاز کم نہیں ہے سلیم
مجھے بُلایا گیا پاس بھی بِٹھایا گیا

۱۱ر فروری ۲۰۰۴ء (دورانِ حج)

سوچ رہا ہوں دُنیا کیا ہے، دُنیا داری کیا ہے
نام و نمود کی تہمت کیا ہے، شہرت ساری کیا ہے

یہ بھی اہلِ عشق ہی پہ کھلتا ہے رفتہ رفتہ
جِس کو آسانی کہتے ہیں وہ دشواری کیا ہے

پہلی نظر کعبہ سے اب تک ہٹی نہیں ہے میری
اس کے سوا آنکھوں میں میری نور کی دھاری کیا ہے

روتی ہوئی آنکھیں اُس کو اچھّی لگتی ہیں ورنہ
رونا دھونا کیا ہے میرا، گریہ وزاری کیا ہے

رُوح دُرود کا وِرد کرے اور تو زَم زَم پیتا جا
اُس کے بعد میں پوچھوں گا تجھ سے، بیماری کیا ہے

ایک کتاب اِک جائے نماز اور اِک تلوار تھی اس میں
جی چاہا دیکھوں دل میں یہ اک الماری کیا ہے

ادھر اُدھر کے سارے رستے کُھلے ہوئے ہیں مجھ پر
جو تجھ تک لے کر جاتی ہے وہ رہداری کیا ہے

روزِ ازل سے وقت نے اب تک آنکھ نہیں جھپکی ہے
صحنِ حرم میں بیٹھ کے دیکھو شب بیداری کیا ہے

اُس کی یاد میں رونے سے یہ بھید کُھلا ہے مجھ پر
دل رکھنا کِس کو کہتے ہیں اور دل داری کیا ہے

۱۲ فروری ۲۰۰۴ء (دورانِ حج)

میں اپنی راہ میں دیوار تھا بکھرتا گیا
کہ خود پہ پاؤں دھرا اور میں گزرتا گیا

وہاں بھی خواہشِ دنیا ستا رہی تھی بہت
طواف کرتا گیا میں طواف کرتا گیا

میں ایک کاسۂ تاریک، ملتزم پہ کھڑا
دُرود پڑھتا گیا روشنی سے بھرتا گیا

نہ جانے کون رُلاتا تھا ہچکیوں سے مجھے
میں آنسوؤں میں نہاتا گیا، نکھرتا گیا

نگار خانۂ ہستی تجھے خبر ہی نہیں
میں اپنی رُوح کے اندر کہیں سنورتا گیا

بُلا رہا تھا بلندی کی سمت کوئی سلیم
اِک ایک کر کے میں سب سیڑھیاں اُترتا گیا

۲۰ فروری ۲۰۰۴ء (دورانِ حج)

اُس کا کرم ہے اُس کی عنایت ہے شُکر ہے
کعبے کو دیکھنا بھی عبادت ہے شُکر ہے

آنکھوں میں ابرِ اشک اُمنڈنے کی دیر تھی
چہرے پہ میرے سخت ندامت ہے شُکر ہے

کیا پوچھتے ہو اِن دنوں مجھ سے مِرا مزاج
جِس حال میں ہوں جیسی بھی حالت ہے شُکر ہے

مُڑ مُڑ کے دیکھتا ہُوں حرم کی طرف سلیم
مجھ کو حرم سے کتنی محبّت ہے شُکر ہے

۱۲ اپریل ۲۰۱۱ء (حرم شریف)

ودا ع و وصل کے دل میں چراغ جلتے ہیں
چلو تسلیم حرم سے مدینہ چلتے ہیں

شکستہ عکس یہاں ٹھیک ہونے آتے ہیں
یہ وہ جگہ ہے جہاں آئینے بدلتے ہیں

یہ وہ زمیں ہے جہاں ایک ایک ذرّے میں
کہیں ستارے کہیں آفتاب ڈھلتے ہیں

یہ شہر وہ ہے کہ دن رات جس کی گلیوں میں
ہوائے شہرِ نبی ﷺ کے چراغ جلتے ہیں

کسی جبیں کا جو سجدہ قبول ہو جائے
پھر اُس جبیں کے لیے آستاں مچلتے ہیں

وہ جن کے قدموں کی آہٹ سے صبح جاگتی ہے
کچھ ایسے لوگ یہاں سیر کو نکلتے ہیں

جو پستیوں سے اُٹھے ہیں وہ جانتے ہیں سلیم
کہ جو گرے ہی نہیں وہ کہاں سنبھلتے ہیں

۱۶ فروری ۲۰۰۴ء (دورانِ حج)

لیے ہوئے بانہوں میں جیسے نور کا ہالہ مجھ کو
مَیں کعبے کو دیکھ رہا ہوں کعبے والا مجھ کو
کتنے چاند، ستارے سورج اس مٹّی میں ہوں گے
قدم قدم پر مل جاتا ہے ایک اُجالا مجھ کو
دوران حج، فروری ۲۰۰۴ء

نورِ ظہور

یہ جو رات میں چاند ستارے ہیں
یہ جو صبح کے رنگ کنارے ہیں
یہ جو آسماں کا پھیلاؤ ہے
اور اِس کا زمیں پہ جھکاؤ ہے
یہ جو بادِ صبا کی نرم روی
خوشبو کو اُٹھائے پھرتی ہے
یہ جو نادیدہ سی ہوائے چمن
کوئی راز چھپائے پھرتی ہے
یہی ساعتیں نورِ ظہور کی ہیں
یہ نشانیاں میرے حضورؐ کی ہیں

۲۰ نومبر/۱۹۸۵ء

ہر مرض کی دَوا، چل مدینے چلیں
اے دلِ مُبتلا، چل مدینے چلیں

کارِ دُنیا کی اِس بھیڑ میں بھی کوئی
مجھ سے کہتا رہا، چل مدینے چلیں

ایک ہی ہے سَفر حاصلِ زندگی
ایک ہی راستہ، چل مدینے چلیں

چادرِ مُصطفٰے ہی میں موجود ہے
دامنِ کبریا، چل مدینے چلیں

تیرا اظہار خوشبو کی تاثیر ہے
چل اے بادِ صَبا، چل مدینے چلیں

اب وہیں جا کے سوئیں گے آرام سے
کاٹنے رَت جگا، چل مدینے چلیں

اگست ۲۰۰۲ء

قِسمت کو چمکانے والے کیسے ہوں گے
آپ ﷺ سے ہاتھ ملانے والے کیسے ہوں گے

روشن ہوں گی مسجد کی محرابیں لیکن
اُن میں دیا جلانے والے کیسے ہوں گے

آپ ﷺ کی راہ پہ چلنے والے خوش قِسمت ہیں
آپ ﷺ کی راہ بتانے والے کیسے ہوں گے

کیسے ہوں گے خوشبُو کو مہکانے والے
خوشبُو کو مہکانے والے کیسے ہوں گے

کیسے ہوں گے ریت پہ پھول کِھلانے والے
ریت پہ پھول کِھلانے والے کیسے ہوں گے

مئی/۱۹۸۹ء، رمضان المبارک

مدینے کو جو رستہ جا رہا ہے
سرِ عرشِ معلّٰی جا رہا ہے

ازل سے صفحۂ ارض و سما پر
اُنہیںؐ کا نام لکھّا جا رہا ہے

اُنہیںؐ سے ربط ہے آنکھوں کا میری
اُنہیںؐ کا خواب دیکھا جا رہا ہے

نقوشِ ہجرتِ آقا ﷺ ہیں روشن
جہاں تک بھی یہ صحرا جا رہا ہے

مدینے کے گلی کوچے ہیں اور میں
بہت کچھ یاد آتا جا رہا ہے

فروری ۲۰۱۲ء

یہ سیلِ نور ہے یا خوابِ شہرِ مصطفوی ﷺ
کسی نظر کو نہیں تابِ شہرِ مصطفوی ﷺ

خدا کرے کہ یہاں سب کو داخلہ مل جائے
کھلا ہے سب کے لیے بابِ شہرِ مصطفوی ﷺ

کرم کی حد ہے کہ مجھ سے گناہ گار کو بھی
بہم کیے گئے اسبابِ شہرِ مصطفوی ﷺ

پھر ایک صبح مدینے میں میری آنکھ کھلی
میں دیکھتا تھا بہت خوابِ شہرِ مصطفوی ﷺ

زمانے اپنے زمانوں کی دھوپ چھاؤں کے ساتھ
ہیں سرنگوں تہہِ محرابِ شہرِ مصطفوی ﷺ

وفائیں پوچھتی ہیں جن سے ضابطے اپنے
وہ جاں نثار ہیں احبابِ شہرِ مصطفوی ﷺ

کہ جیسے رحلِ نظر پر کوئی صحیفۂ نور
مَیں دیکھتا رہا مہتابِ شہرِ مصطفوی ﷺ

دلوں کی سمت ہُوا چاہتا ہے رُخ کہ ابھی
نواحِ چشم میں ہے آبِ شہرِ مصطفوی ﷺ

۲۴ فروری/۲۰۰۴ء
حرم سے مدینہ شریف جاتے ہوئے اور پھر صبح شہرِ رسول ﷺ میں داخل ہونے کے بعد

طواف یُوں سرِ شہرِ رسُول ہو جائے
میں خود سفر پہ رہوں جسم دُھول ہو جائے

فروری/۱۹۸۰ء

سلام کے لیے دہلیز پر کھڑا ہے غلام ، حضور آپ ﷺ پہ لاکھوں دُرود اور سلام
مقام آپ ﷺ کا اونچا بڑا ہے آپ ﷺ کا نام ، حضور آپ ﷺ پہ لاکھوں دُرود اور سلام

وہ سامنے شہِ کون و مکاں کی جالی ہے ، میں خود بھی خالی ہوں کب سے ورق بھی خالی ہے
حضور آپ ﷺ کی جانب سے نعت ہو الہام ، حضور آپ ﷺ پہ لاکھوں دُرود اور سلام

نہ کوئی کیفِ عبادت نہ کوئی حُسنِ عمل ، شبوں کی سجدہ گزاری نہ نیند ہی میں خلل
اور اُس کے بعد بھی ہم پر ہیں اس قدر انعام ، حضور آپ ﷺ پہ لاکھوں دُرود اور سلام

ہر اک محاذ پہ تھی برتری یہ سوچتے ہیں ، تمام ہارے ہوئے لشکری یہ سوچتے ہیں
جو آپ ﷺ کے ہیں وہ ہوتے نہیں کبھی ناکام ، حضور آپ ﷺ پہ لاکھوں دُرود اور سلام

یہ راہِ طیبہ ہے قدموں میں اپنے آپ کو ڈال، بدن کو اشک بنا اور اپنی روح میں ڈھال
یہاں کی جاگتی راتیں یہاں کی روشن شام، حضور آپ ﷺ پہ لاکھوں دُرود اور سلام

دُرود و نُور میں لپٹی ہوئی سحر آئی، حضور آپ ﷺ کی مسجد میں دھوپ اُتر آئی
اور اس کی چھاؤں میں ہے ہم کو کس قدر آرام، حضور آپ ﷺ پہ لاکھوں دُرود اور سلام

کتاب و لوح و قلم روشنی کے دھارے ہیں، حضور آپ ﷺ کی تعلیم کے ادارے ہیں
جہاں میں جاری و ساری ہے آپ ہی کا نظام، حضور آپ ﷺ پہ لاکھوں دُرود اور سلام

۲۹ رفروری ر۲۰۰۴ء (مسجدِ نبوی)

نگاہ دل پہ ہے اور آنکھ رونے والی ہے
یہ وہ گھڑی ہے کہ بس نعت ہونے والی ہے
جولائی ر۱۹۹۶ء

سیّدالمرسلینﷺ کے حضور

سیّدالمرسلینﷺ
میں کہیں بھی نہیں

نیک نامی سے تہمت چھلکنے لگی
صرف رسوائیاں میرے اطراف ہیں
میرے چاروں طرف بھیڑ ہی بھیڑ ہے
پھر بھی تنہائیاں میرے اطراف ہیں
جسم جن کا نہیں، روح جن میں نہیں
کیسی پرچھائیاں میرے اطراف ہیں
محفلوں کے تسلسل میں زندہ ہوں میں
اور ویرانیاں میرے اطراف ہیں
کوئی مشکل نہیں اور مشکل یہ ہے
سخت آسانیاں میرے اطراف ہیں
میری ترتیب و تقویم کے لاحقے
سارے تبدیل ہوتے چلے جا رہے ہیں
بتاؤں کیسے

میرے پیروں میں سورج ہے سر پر زمیں
سیّد المرسلین ﷺ
میں کہیں بھی نہیں

زندگی بابل و نینوا کی کہانی ہوئی
میرے بغداد و بصرہ کی تہذیب سب اہلِ علم و ہنر کی نشانی ہوئی
ایک دھندلی سی تصویر تھی ذہن میں میرے اجداد کی
اور وہ تصویر بھی اب پرانی ہوئی
گم ہوئے میرے اُمّ القصر
آنے والے زمانوں کی تبدیلیوں پر نہیں ہے کسی کی نظر
وقت کی قید میں ہے ابھی میری تاریخ کا نوحہ گر
دور صحرا میں اُڑتی ہوئی ریت کے دائروں میں سمٹتی ہوئی داستانیں
جو ہر عمر کے خوں سے لکھی گئیں
اِک نئی کربلا کے دوراہے پہ بکھری پڑی ہیں
کہیں ریگِ عبرت کے ذرّوں میں لپٹی ہوئی سازشوں کا تماشہ
کہیں اپنے شانوں پہ رکھے ہوئے اپنی ہی آرزوں کا لاشہ
کہیں رقص کرتی ہوئی وحشتیں بے تحاشہ

کہیں قتل ہوتی ہوئی سوچ
بکتے ہوئے خواب
جلتے ہوئے شہر، گلیاں، محلّے
محلّوں میں پھیلا ہوا بے بسی کا دھواں
اور دھوئیں کی سیاہی میں چھپتا ہوا آسماں
آسماں سے اُدھر رقصِ سیّارگاں
آفتاب اور مہتاب کی کہکشاں
کہکشاؤں کی گردش میں لپٹا ہوا میرا علم الیقیں
سیّد المرسلین ﷺ
میں کہیں بھی نہیں

پھول شاخوں سے گر کر بکھرتے چلے جا رہے ہیں
پیڑ اپنے ہی سایوں میں مرتے چلے جا رہے ہیں
یہ جواَب وقت کے زہر آلود لمحے گزرتے چلے جا رہے ہیں
خوشبوؤں کے سبھی راستے بند کرتے چلے جا رہے ہیں
جبر کی دھوپ میں جل گئے امن کے شامیانے مرے
میرے ہاتھوں سے نکلے چلے جا رہے ہیں خزانے مرے
یا تو ہتھیار ہی زہر آلود تھے یا خطا ہو گئے سب نشانے مرے
یا مرے دشمنوں کو دکھائے گئے ہیں ٹھکانے مرے

کون ظاہر ہے اور کون معدوم ہے
کون حاکم ہے اور کون محکوم ہے
کون ظالم ہے اور کون مظلوم ہے
پردۂ عالمِ غیب میں جو بھی تحریر ہے
وہ فقط آپ ﷺ ہی کو تو معلوم ہے
اور کسی کو نہیں

سیّد المرسلین ﷺ
میں کہیں بھی نہیں

بے بسی حد سے بڑھتی چلی جارہی ہے
شاخِ زیتون ہاتھوں میں جلتی چلی جارہی ہے
شمع امکانِ تازہ پگھلتی چلی جارہی ہے
موجِ خوں
خشک دریاؤں کی راہ داری میں چڑھتی چلی جارہی ہے
مرے سیّدی
ان دنوں زندگی مجھ میں بے کل ہوئی جارہی ہے
بچا لیجیے

شاخِ ہستی پہ میں اک بکھرتا ہوا پھول ہوں
میری خوشبو معطّل ہوئی جا رہی ہے
میں تو بس آپ ﷺ کی سمت جاتے ہوئے سب زمانوں کے رستوں میں
بیٹھی ہوئی دُھول ہوں

آپ ﷺ کی نسبتوں ہی سے میں یاد رہ جاؤں گا
ورنہ میں تو گزرتے ہوئے وقت کے حافظے میں فقط
بھول ہی بھول ہوں

جو مجھے آپ ﷺ کے راستوں پر چلا دے وہ کیفیتیں چاہئیں
چاہیے آپ ﷺ کا عشق اور آپ ﷺ کے عشق کی شدّتیں چاہئیں
وہ جو علم و ہنر میں، محبّت میں احسان تک میں مثالی رہے
آپ ﷺ کے دوستوں اور غلاموں سے ملتی ہوئی عادتیں چاہئیں
میرے چاروں طرف مجھ کو گم راہ کرنے کے اسباب موجود ہیں
مجھ گنہگار کو تو مُسلسل حضور آپ ﷺ کی رحمتیں چاہئیں
میرا ہر فیصلہ دشمنوں کی برآمد پہ مامور ہے اب مجھے
آپ ﷺ کی روشنی میں نئے فیصلے کی نئی قوّتیں چاہئیں

زندگی کی طرف جانے والے سبھی راستے بند ہونے لگے
صاحبِ غارِ ثور و حِرا حوصلہ چاہیے، ہمّتیں چاہییں
اس خوشامدکدے میں کسی کو نمود و نمائش سے فرصت نہیں
جو دلوں میں دھڑکتی نظر سے جھلکتی ہیں وہ عزّتیں چاہییں

اِک نظر سیّدی
سیّدی اِک نظر
اپنے بیمار پر مجھ گنہ گار پر
ورنہ میں بے خبر
گردِ راہِ سفر کے سِوا کچھ نہیں

سیّد المرسلین ﷺ میں کہیں بھی نہیں

سارے حرفوں میں اِک حرف پیارا بہت اور یکتا بہت
سارے ناموں میں اِک نام سوہنا بہت اور ہمارا بہت

اُس کی شاخوں پہ آکر زمانوں کے موسم بسیرا کریں
اِک شجر جس کے دامن کا سایا بہت اور گھنیرا بہت

ایک آہٹ کی تحویل میں ہیں زمیں آسماں کی حدیں
ایک آواز دیتی ہے پہرہ بہت اور گہرا بہت

جس دیے کی توانائی ارض و سما کی حرارت بنی
اُس دیے کا ہمیں بھی حوالہ بہت اور اُجالا بہت

میری بینائی سے اور مرے ذہن سے محو ہوتا نہیں
میں نے روئے محمد ﷺ کو سوچا بہت اور چاہا بہت

میرے ہاتھوں سے اور میرے ہونٹوں سے خوشبوئیں جاتی نہیں
میں نے اسمِ محمد ﷺ کو لکھا بہت اور چوما بہت

بے یقیں راستوں پر سفر کرنے والے مُسافر سُنو
بے سہاروں کا ہے اِک سہارا بہت کملی والا بہت

فروری/ ۱۹۷۹ء

جہل کرتا رہا ہر طرف روشنی
آپ ﷺ آئے ہوئی ہر طرف روشنی

جولائی/ ۲۰۱۴ء

ہجر کی انتہا وصال رات کی انتہا ہے دن صَلِّ عَلٰی نَبِیِّنَا صَلِّ علیٰ محمد ﷺ
یاد کو ہم سفر بنا ساعت ماہ و سال گن صَلِّ عَلٰی نَبِیِّنَا صَلِّ علیٰ محمد ﷺ

شوق کا کوئی مرحلہ، فکر کا کوئی زاویہ، علم کا کوئی سلسلہ اصل میں طے نہیں ہوا
آپ ﷺ کے عشق کے بغیر آپ ﷺ کے اعتبار بن صَلِّ عَلٰی نَبِیِّنَا صَلِّ علیٰ محمد ﷺ

صفحۂ ہست و بود پر جلوت وخلوتِ حیات، آپ ﷺ کی ایک اِک ادا آپ ﷺ کی ایک ایک بات
لمحہ بہ لمحہ درج ہے کچھ بھی رہا ہو سال و سِن، صَلِّ عَلٰی نَبِیِّنَا صَلِّ علیٰ محمد ﷺ

میرے سفر کی شدّتیں دشتِ زمانہ کھا گیا، جو بھی بچا کھچا تھا میں آپ کے در پہ آ گیا
جسم بہت ہی پُرسکوں روح بہت ہے مطمئن، صَلِّ عَلٰی نَبِیِّنَا صَلِّ علیٰ محمد ﷺ

جولائی/١٩٩٦ء

عشق بھی آپ ﷺ ہی کا ہے، آرزو آپ ﷺ ہی کی ہے
کون و مکاں کی بزم میں گفتگو آپ ﷺ ہی کی ہے

عقل و خرد کے قافلے روزِ اَزل سے ہیں رواں
تذکرہ آپ ﷺ ہی کا ہے جستجو آپ ﷺ ہی کی ہے

گونج رہا ہے ہر طرف خطبۂ حجۃ الوداع
عالمی امن کی صدا کُو بہ کُو آپ ﷺ ہی کی ہے

اگست ۲۰۱۳ء

دونوں عالم گلی کوچوں میں بسائے ہوئے ہیں

ایسے اک شہر کو ہم دیکھ کے آئے ہوئے ہیں

ایک ایسا بھی اُفق جذب ہے آنکھوں میں جہاں

آسماں اور زمیں ہاتھ ملائے ہوئے ہیں

ایک ایسی بھی ہوا چلتی ہے جس کے جھونکے

لَو چراغوں کی ازل ہی سے بڑھائے ہوئے ہیں

شجرِ زیست دُرودوں سے ہُوا بار آور

دھوپ ہی دھوپ جہاں تھی وہاں سائے ہوئے ہیں

منزلِ خیر کی جانب ہے مُسافت جن کی
راستے آپ ﷺ ہی کے سارے بتائے ہوئے ہیں

گردشِ وقت نے خود راستے ہموار کیے
اُس کو معلوم تھا ہم کِن کے بُلائے ہوئے ہیں

ورنہ سورج تو زمیں پر اُتر آتا کب کا
آپ ﷺ کے نقشِ قدم بیچ میں آئے ہوئے ہیں

مَیں نے سوچا تھا سلیم اسمِ محمد ﷺ لکھوں
رنگ کیا کیا مِری تحویل میں آئے ہوئے ہیں

۵ مئی ۲۰۰۴ء

کچھ ایسا سِلسلۂ رنگِ ابر و باد رہا
دعائیں بھول گیا میں دُرود یاد رہا

غبار دُھلتا چلا جا رہا تھا اشکوں میں
مدینے جاتے ہوئے دل بہت ہی شاد رہا

جو لوگ آپ کے رستے سے ہٹ کے چلتے رہے
میں دیکھتا ہوں اُنہیں میں بہت فساد رہا

اسی لیے تو کہیں کے نہیں رہے تم بھی
تمہارے قول و عمل میں بڑا تضاد رہا

زمانہ جیسا حضور آپ ﷺ کا زمانہ ہے
نہ اس سے پہلے کبھی تھا نہ اس کے بعد رہا

مجھے عجم کی ہوائیں بھی کھینچتی ہیں سلیم
میں اپنے عشق میں لیکن عرب نژاد رہا

حرم سے مدینہ جاتے ہوئے، ۱۵ اپریل ۲۰۱۱ء
تیسرا اور چوتھا شعر دسمبر ۲۰۱۴ء

اُڑے گی خاک مری ایک دن مدینے میں
یہی یقین تو شامل ہے میرے جینے میں

ازل سے اُن کی غلامی میں ہُوں پہ حاضری کی
مجھے مِلی ہے اجازت اِسی مہینے میں

کہ جو ابھی درِ سرکار تک نہیں پہنچے
کئی زمانے کھڑے ہیں حرم کے زینے میں

بَس ایک عِشق چھلکتا ہے میری آنکھوں میں
بَس ایک یاد دھڑکتی ہے میرے سینے میں

میں جارہا تھا مدینے کہ گردشِ دوراں
سِمٹ کے بیٹھ گئی ہے مرے سَفینے میں

سلیم گنبدِ خضریٰ کی روشنی ہے عَجب
جہان نُور سمایا ہے اِس نگینے میں

اپریل ۲۰۰۹ء (مسجد نبوی)

ہوئی ہے رُوح مِری جب سے آشنائے دُرود
لہو میں گونجتے رہتے ہیں نغمہ ہائے دُرود

دُرود اَزل ہی سے موجود ہے پہ دُنیا میں
حضور ﷺ آئے تو رکھی گئی بِنائے دُرود

برہنہ لفظ لبوں سے کبھی ادا نہ ہوئے
زباں نے پہنی ہے جب سے مِری قبائے دُرود

کُھلا یہ منزلِ ہستی کا مجھ پہ رازِ نہاں
نجات کا کوئی رستہ نہیں سِوائے دُرود

پھر اس کے بعد یہ سوچیں گے گفتگو کیا ہو
جو ملنے آئے، سُنے اور پھر سُنائے دُرود

انہیں کے دَر پہ اجازت طلب ہے وقت کی رَو
رُکا ہوا ہے ہر اِک پَل جہاں برائے دُرود

ازل سے گونج رہی ہے سَماعتوں میں اذاں
بَنی بنائی ملی ہے ہَمیں فضائے دُرود

خُدا کا شُکر ادا کیجیے کہ ھم کو سَلیم
بنامِ اِسمِ محمدؐ ملی متاعِ دُرود

رمضان المبارک/۲۰۰۶ء

دیوار پہ لکھّا تھا کہیں نامِ محمدؐ
اب تک ہے اُجالوں کا بسیرا مرے گھر میں

۱۹۷۳ء

میں نے اسمِ محمد ﷺ کو لکھا بہت / ۷۱

ازل سے تا بہ ابد ہے مرے حضورؐ کے پاس
شفاعتوں کی سَند ہے مرے حضورؐ کے پاس

یہ سوچ مرضیِ ربّ کے بغیر کچھ بھی نہیں
یہ دیکھ کن کی لحَد ہے مرے حضورؐ کے پاس

سپاہِ عشق میں عثمانؓ سَا غنی ہے کہیں
کہیں علیؓ سا اَسد ہے مرے حضورؐ کے پاس

خدا کے فضل سے جاری ہے کاروبار جہاں
سلیم مہرِ رَسد ہے مرے حضورؐ کے پاس

دورانِ حج (۲۰۰۴ء)

خُدا کا قرب مدینے کی لہر چاہیئے ہے
ھم اہلِ عشق کو جینے کی لہر چاہیئے ہے
طواف کرتا ہوں میں آنسوؤں کی بارش میں
اب اِس میں صرف پسینے کی لہر چاہیئے ہے
حرم کی سیڑھیاں چڑھتے اترتے سوچتا ہوں
سَفَر میں اب اِسی زینے کی لہر چاہیئے ہے

دورانِ حج فروری/۲۰۰۴ء

آپ ﷺ کی رہ گزر زندگی
ہر قدم ہم سفر زندگی

موت کی وادیوں میں مِلی
آپ ﷺ کے نام پر زندگی

آپ ﷺ کی پیروی کیجیے
چاہتے ہو اگر زندگی

اُس طرف اِس کی منزل نہ تھی
جا رہی تھی جدھر زندگی

آپ ﷺ نے آ کے ترتیب دی
ورنہ تھی دربدر زندگی

آپ ﷺ ہی نے کیا باخبر
ورنہ تھی بے خبر زندگی

آپ ﷺ نے بااثر کر دیا
کب سے تھی بے اثر زندگی

باہُنر کر دیا آپ ﷺ نے
تھی بہت بے ہُنر زندگی

یہ جو بادِ صبا آئی تھی
کوئی تازہ خبر زندگی

میں حرم سے مدینے چلا
ہوگئی معتبر زندگی

خاکِ طیبہ ہی گھر ہے مِرا
آ چلیں اپنے گھر زندگی

اپریل مئی ۲۰۱۴ء

جسے بھی دیکھیے قُرب آفریں اُجالوں میں ہے
عجیب بات مدینے کے رہنے والوں میں ہے

ہر ایک لمحہ حیاتِ نبی ﷺ کا ہے تریاق
اگرچہ زہر بہت کُفر کے سوالوں میں ہے

سلیم شہرِ محبّت کا ایک اِک مَنظر
مِری نگاہ میں ہے اور مِرے خیالوں میں ہے

اگست/۲۰۰۶ دوسرا شعر/اپریل/۲۰۱۴ء

بھٹکے ہوؤں کو راہ دِکھانے کے واسطے
آپ ﷺ آ گئے چراغ جلانے کے واسطے

کیا کیا صعوبتیں نہ اُٹھائیں حُضور نے
اللہ کا پیام سُنانے کے واسطے

اِک اہتمام خلوتِ نور آفریں ہُوا
بندوں کو اپنے رَب سے ملانے کے واسطے

دل اُن کے ذکر کے لیے اور اُن کی یاد میں
آنکھیں ملی ہیں اشک بہانے کے واسطے

جھونکا سا جیسے آ کے رُکا ہو مِرے قریب
چُپکے سے کوئی بات بتانے کے واسطے

بابِ کرم دُرودوں سے کُھلتا ہے صاحبو !
چابی تو چاہیے ہے خزانے کے واسطے

آخر درِ نبی ﷺ پہ جگہ مل گئی مجھے
کب سے بھٹک رہا تھا ٹھکانے کے واسطے

پھر میرے ساتھ ارض و سما بول اٹھے سلیم
مَیں چُپ ہوا تھا نعت سُنانے کے واسطے

دُنیا ہے ایک آگ کا صحرا جہاں سلیم
عشقِ نبی ﷺ ہے پھول کِھلانے کے واسطے

۷/اپریل/۲۰۱۱ء (آغاز مسجد نبوی)

سکونِ قلب ، شعورِ یقیں مِلا ہے مجھے
درِ حضور ﷺ سے کیا کچھ نہیں مِلا ہے مجھے

میں سوچتا رہا سورج میں روشنی کا سبب
تو زیرِ سایۂ نورِ مبیں مِلا ہے مجھے

انہیں کے در کی غلامی تو میں نے چاہی تھی
انہیں کے در سے یہ نقشِ جبیں مِلا ہے مجھے

تمام رفعتِ انساں کی عظمتوں کا امیں
شکوہِ امن ہے جس میں وہ دیں مِلا ہے مجھے

کمالِ حُسنِ توازن ہے آپ ﷺ کی سیرت
نظامِ عدل بھی کتنا حسیں مِلا ہے مجھے

حرم میں آئینہ رکھا ہے ہر کسی کا سلیم
سوا اپنا عکس بھی آکر یہیں مِلا ہے مجھے

۲۰ر اپریل ۲۰۰۹ء (مسجد نبوی)

یہ تو ممکن نہیں ہے کہ ایسا نہ ہو

اُمّتی آپﷺ کا اور اچھّا نہ ہو

عشق کیسا کہ جب آپﷺ کی یاد میں

آنکھ روتی نہ ہو دل تڑپتا نہ ہو

وہ گھڑی زندگی ہی میں شامل نہیں

جس گھڑی آپﷺ کو میں نے سوچا نہ ہو

کوئی ساعت نہیں اسمِ احمدﷺ کو جب

سانس کی لوح پر میں نے لکھّا نہ ہو

وہ مسلمان، مومن نہیں ہے جسے

آپﷺ سے عشق اور بے تحاشہ نہ ہو

(آغاز) ۲۰؍اگست؍۱۹۸۰ء

سخاوت کرنے والے آپ ﷺ ہی ہیں
مُحبّت کرنے والے آپ ﷺ ہی ہیں

شبِ معراج سارے انبیاء کی
اِمامَت کرنے والے آپ ﷺ ہی ہیں

پیامِ رَب کو پھیلانے کی خاطر
مَشقّت کرنے والے آپ ﷺ ہی ہیں

شعُورِ آدمِیّت، آدمی کو
عنایت کرنے والے آپ ﷺ ہی ہیں

عبادت ناز کرتی ہے سو ایسی
عبادت کرنے والے آپ ﷺ ہی ہیں

خُدا کے حکم کی اپنے عمل سے
وضاحت کرنے والے آپ ﷺ ہی ہیں

جہاں میں جو بھی ہے مظلوم اس کی
حمایت کرنے والے آپ ﷺ ہی ہیں

سرِ محشر گنہگاروں کی آقا
شفاعت کرنے والے آپ ﷺ ہی ہیں

اپریل/۲۰۱۴ء

گلے ملا تھا میں اک شخص سے مدینے میں
مہک سی آنے لگی ہے مرے پسینے میں

اپریل/۲۰۰۹ء (مسجد نبوی)

وہی ذکرِ شہرِ حبیب ہے، وہی رہ گزارِ خیال ہے
یہ وہ ساعتیں ہیں کہ جن میں خود کو سمیٹنا بھی مُحال ہے

یہی اسم ہے بجز اس کے کچھ بھی تو حافظے میں نہیں مرے
یہی اِسم میری نجات ہے، یہی اِسم میرا کمال ہے

یہی دن تھے جب کوئی روشنی مرے دل پہ اُتری تھی اور اب
وہی دن ہیں اور وہی وقت ہے، وہی ماہ ہے، وہی سال ہے

یہاں فاصلوں میں ہیں قُربتیں، یہاں قُربتوں میں ہیں شِدّتیں
کوئی دُور رہ کے اویسؓ ہے کوئی پاس رہ کے بلالؓ ہے

وہ ابھی بلائیں کہ بعد میں، مجھے محو رہنا ہے یاد میں
مَیں صدائے عشقِ رسولؐ ہوں، مِرا رابطہ تو بحال ہے

ترا اُن کے بعد بھی ہے کوئی، مرا اُن کے بعد کوئی نہیں
تجھے اپنے حال کی فکر ہے، مِری عاقبت کا سوال ہے

دسمبر / جنوری ۱۹۹۳ء

خانۂ دل کو دُرودوں سے سجایا ہوا ہے
آپ ﷺ کے ذکر نے ہر غم سے بچایا ہوا ہے

اشک پلکوں پہ لکھے جاتے ہیں کیفیّتِ دل
نیند نے رُوح میں اک خواب جگایا ہوا ہے

نغمۂ عشقِ نبی ﷺ گونج رہا ہے ہر سُو
سِینۂ دہر میں قُرآن سمایا ہوا ہے

اُس کی خوشبو سے مہکتا ہے مِرا گھر آقا
آپ ﷺ کے شہر سے اِک آدمی آیا ہوا ہے

ہم پہ لازم ہے کہ اِس نام پہ مَر مِٹیے سلیم
جِس نے اللہ کو گرویدہ بنایا ہوا ہے

ستمبر/۲۰۰۸ء (رمضان المبارک)

سحر ہوتی ہوئی آنکھیں، سُخن کرتی ہوئی راتیں
لہو میں گونجتی ہیں میرے آقا کی مناجاتیں

اُنہیں کی گُفتگو کرتی ہیں دِل کی دَھڑکنیں مجھ سے
کوئی سُنتا تو ہے میری، کوئی کرتا تو ہے باتیں

اُنہیں دیکھا تو ساری عُمر پھر خود کو نہیں دیکھا
عَجَب تھے خلوَتی اُن کے، عَجَب اُن کی مُلاقاتیں

مجھے ہر شب کوئی محوِ دعا رکھتا ہے خوابوں میں
تو دِن کو بھیج دیتا ہے سُکونِ دل کی سوغاتیں

نہ ہو اِس شہر کی گلیوں میں اشکوں سے وضو جب تک
تو کُھلتی ہی نہیں ہیں خاکِ طیبہ کی کراماتیں

وہی میں ہوں، وہی عشقِ محمد ﷺ کی گھٹا مجھ پر
وہی ساون بھرا موسم، وہی یادوں کی برساتیں

مِرا تو کام بس کاغذ پہ اُن کو نقل کرنا ہے
کہ لوحِ دل پہ لکھ جاتا ہے چپکے سے کوئی نعتیں

مئی/۱۹۸۸ء (۲۷/رمضان المبارک)

کوئی عمل نہیں ربّ کا کرم ہی کام آیا
مُسافرانِ مدینہ میں میرا نام آیا
غبارِ شہرتِ دنیا کی دُھند میں لپٹا
مَیں شرمسار گیا تھا، میں شادکام آیا

دسمبر/۲۰۰۳ء

اے منبعِ الطاف و کرم سیّدِ عالم
کیا ہو تری توصیف رقم سیّدِ عالم

ہاں! میں بھی ہوں موجود کہیں پچھلی صفوں میں
مجھ پر بھی توجّہ کوئی دم سیّدِ عالم

جب صرف ترا عشق کسوٹی ہے ہماری
پھر کون عرب، کون عجم سیّدِ عالم

آنکھوں کی طہارت ترے ناموں کی زیارت
اور وِردِ زباں دم ہمہ دم سیّدِ عالم

خوشبو کا خزینہ ہے ترا شہرِ مدینہ
اور خاک جہاں کی ہے ارم سیّدِ عالَم

دے عشقِ بلالی کہ ہے رُتبہ ترا عالی
اے صاحبِ معراج امم سیّدِ عالَم

اے زینتِ لولاک، اُجالے تری پوشاک
اے نُور صِفَت نور حشم سیّدِ عالَم

اگست/۱۹۹۱ء

اِسی باعث توسیلِ نور آنکھوں سے گزرتا ہے
کہ ہر منظر سے عکسِ گنبدِ خضریٰ اُبھرتا ہے
دورانِ حج، ۲۰۰۴ء

مُسافروں پہ ضُروری ہے اِتّباعِ حُضورؐ
یہ کائنات حقیقت میں ہے سرائے حُضورؐ

اب اور کیا طلبِ رہ نُمائی ہے تم کو
ہر ایک راہ میں روشن ہیں نقشِ پائے حُضورؐ

بدلتے رہتے ہیں نغماتِ سازِ ہستی پر
جو آرہی ہے مُسلسل، وہ ہے صدائے حُضورؐ

وہ جن کی جو بھی ادا ہے وہ جزوِ ایمان ہے
پیمبروں میں نہیں ہے کوئی سِوائے حُضورؐ

حیاتِ ختمِ رُسل حرف حرف کی تفسیر
کتابِ رَب کا ہر اک لفظ ہے ثنائے حضورؐ

اُنہیں کے رنگ سے خوشبوئے حق مہکتی ہے
وہ حُسنِ خاص جو ہے پرتوِ قبائے حضورؐ

فصیلِ اشکِ ندامت تھی میرے چاروں طرف
سلیم رات عجب طرح یاد آئے حضورؐ

دسمبر/۱۹۹۹ء (رمضان المبارک)

عِلم کے نُور سے روشن مِرا سِینہ کر دے
عشقِ احمد ﷺ سے مِرے دل کو مدینہ کر دے
جنوری/۲۰۰۸ء

خُدا کی رہ گزر کا پتا بتا دیا ہے
حضور آپ ﷺ نے گھر کا پتہ بتا دیا ہے

یہ کائنات بھٹکتے ہوئے بکھر جاتی
سفر میں سمتِ سفر کا پتہ بتا دیا ہے

تمام نفع و نقصان کی خبر دے کر
تمام عَیب و ہُنر کا پتہ بتا دیا ہے

ہر آنے والے زمانے کے بھید کھول دیے
ہر آنے والی خبر کا پتہ بتا دیا ہے

ہمیں سِکھایا دلوں کو اُجالنے کا ہُنر
اندھیری شَب میں سَحر کا پتہ بتا دیا ہے

دُرودِ پاک سکھا کر حضورؐ نے ہم کو
دُعا سے پہلے اثر کا پتہ بتا دیا ہے
مئی ۲۰۰۷ء

وجہِ تخلیقِ کائنات لکھی

آپ ﷺ ہیں آپ ﷺ ہی کی ذات لکھی

جب کیا آپ ﷺ ہی کا ذکر کیا

جب لکھی آپ ﷺ ہی بات لکھی

حمد کرتے ہوئے کناروں سے

بہتے پانی پہ میں نے نعت لکھی

حُسن کی لو، جو ہر اک شے میں اُبھاری گئی ہے
کائنات آپ ﷺ کی خاطر ہی سنواری گئی ہے

مجھ کو توفیق دے وعدوں کو نبھاؤں کہ یہ عُمر
آج تک وعدہ خلافی میں گزاری گئی ہے

شاخِ اُمّید پہ کھل اُٹھّے حُضوری کے گلاب
مجھ سے مِل کے جو ابھی بادِ بہاری گئی ہے

آپ ﷺ کی راہ سے اُبھرے ہیں مہ و مہر و نجوم
آپ ﷺ کے نام سے تقدیر سنواری گئی ہے

وقت کو ٹھیک سے چلنا ہی جب آیا ہے کہ جب
شہرِ مکّہ سے مدینے کو سواری گئی ہے

لوحِ محفوظ پہ بھی مُہرِ محمّد ﷺ ہے سلیم
کائنات آپ ﷺ کی نظروں سے گزاری گئی ہے

۶ر جون ۲۰۰۰ء

علم جو معجزہ حضورؐ کا ہے
ہاں یہی راستہ حضورؐ کا ہے

آپ قرآن پڑھ کے دیکھیے تو
سیرت و آئینہ حضورؐ کا ہے

دین و دنیا کا کوئی شعبہ ہو
ہر عمل رہ نما حضورؐ کا ہے

صرف اللہ جانتا ہے سلیم
یعنی جو مرتبہ حضورؐ کا ہے

۲۰۰۷ء

اِک جھلک مہرِ مُبیں ، یا رحمت لِلّعالمیں
یا رحمتُ لِلّعالمیں ، یا رحمت لِلّعالمیں

ہر زمانے کے لیے ہیں رحمتوں کا سلسلہ
آپ ﷺ سا کوئی نہیں ، یا رحمت لِلّعالمیں

آپ ﷺ ہی شامل نہ ہوں تو کیا کرے لے کر کوئی
دولتِ دُنیا و دِیں ، یا رحمت لِلّعالمیں

آپ ﷺ کے قدموں کا صدقہ سر بلندی کا شرف
آسماں ہے یہ زمیں ، یا رحمت لِلّعالمیں

آپ ﷺ کی یادوں کا سَرمایہ ہے اور ذکرِ خُدا
اور کچھ دل میں نہیں ، یا رَحمت لِّلعَالَمِیْن

آج تک چشمِ فلک نے دُوسرا دیکھا نہیں
آپ ﷺ سا کوئی حَسِین ، یا رَحمت لِّلعَالَمِیْن

ہم گنہگاروں کی خاطر سَجدہ ریزی میں رہی
اِس قدر رَوشن جَبِیْن ، یا رَحمت لِّلعَالَمِیْن

ہم اندھیروں میں گِھرے ہیں بھیجئے کوئی کرن
اے چَراغِ عَالمِیْن ، یا رَحمت لِّلعَالَمِیْن

۱۹۸۸ء

اِدھر اُدھر جو گئے تھے سبھی ٹھکانے لگے
جو بچ گئے وہ مدینے کی سَمت آنے لگے

جو خاکِ طَیبہ سے دیکھا شکوہِ دنیا کو
بلند و پست کے معنیٰ سمجھ میں آنے لگے

کُھلا مدینے میں تقویمِ ماہ و سال کا حُسن
نئے زمانے مجھے کس قدر پُرانے لگے

دُرود پڑھتے ہوئے رات صحنِ طَیبہ میں
اذانِ فجر کے جھونکے مجھے جگانے لگے

گھِرا ہوا تھا میں طائف کے رہنے والوں میں
دعائیں دیتے ہوئے آپ ﷺ یاد آنے لگے

مَیں خاکِ راہِ مدینہ کو دیکھتا تھا سلیم
نگاہ میں مہ و خورشید جگمگانے لگے

۶/اپریل/۲۰۱۱ء (سفرِ طائف کے دوران)

ہر بات قول آپ ﷺ کا ہر اِک عمل اصول
میرے حضورؐ آپ ﷺ ہیں ہر عہد کے رسول

مہکے ہوئے ہیں بزمِ دو عالم میں ہر جگہ
خوشبو خموشیوں کی، کہیں گفتگو کے پھول

ہاں! آپ ﷺ نے تو اُن کو بھی شاداب کر دیا
جو لوگ راستوں میں بچھاتے رہے بَبول

یاد آپ ﷺ کی ہے صحتِ دنیا و دِیں کا حُسن
جو آپ ﷺ کے ہیں وہ نہیں ہوتے کبھی مَلول

جب تک دُرود پاک نہ بھیجے وہ آپ ﷺ پر
ہوتی نہیں کسی کی بھی کوئی دعا قبول

مارچ ۲۰۰۶ء
(ٹیلی وژن کے پروگرام ''ہر عہد کے رسول'' کا ٹائٹل)

جتنی دُنیائیں بھی بنائی گئیں
سب کی سب آپ ﷺ کو دکھائی گئیں

آپ ﷺ کے ذِکر کی دو عالَم میں
مُستقل محفلیں سجائی گئیں

آپ ﷺ کے حُجرۂ مُبارک سے
دو جہاں کی حدیں ملائی گئیں

عِلم کا مرتبہ بڑھایا گیا
آیتیں آپ ﷺ کو سُنائی گئیں

آپ ﷺ کی سیر گاہ کی خاطِر
آسماں کی چھتیں ہٹائی گئیں

مشعلِ راہِ زیست بن گئی ہیں
جتنی باتیں ہمیں بتائی گئیں

آپ ﷺ کے زیرِ پا مرے آقا
روشنی کی صفیں بچھائی گئیں

یعنی نعلینِ پاک رکھنے کو
اس زمیں کی تہیں جمائی گئیں

جولائی، اگست/۲۰۱۲ء (رمضان المبارک)

پھر حاضری کی مجھ کو سعادت عطا ہوئی
سرکار ﷺ دو جہاں کی اجازت عطا ہوئی

حسرت سے دیکھتی ہے مجھے بزمِ اہلِ عشق
کیسا وقار، کیسی فضیلت عطا ہوئی

۱۹ اپریل/۲۰۰۹ء

نہیں جو سامنے وہ بھی جہان آپ ﷺ کے ہیں
جو سامنے ہیں زمیں آسمان آپ ﷺ کے ہیں

وہ بام و دَر ہوں کہ دل، آپ ﷺ سے مہکتے ہیں
مکین آپ ﷺ کے، سارے مکان آپ ﷺ کے ہیں

کتابِ عالمِ انسانیت کے صفحوں میں
حضورؐ خیر کے سارے بیان آپ ﷺ کے ہیں

شکست کھاتی ہوئی زندگی کے سینے پر
حضورؐ فتح کے سارے نشان آپ ﷺ کے ہیں

حضورؐ آپ ﷺ کی خاطر بنے ہیں کون و مکاں
حضورؐ کون و مکاں ترجمان آپ ﷺ کے ہیں

سلیم عشقِ محمدّ ﷺ ہے جن کا طرزِ حیات
کہیں بھی ہوں وہ سبھی میہمان آپ ﷺ کے ہیں

اکتوبر ۲۰۰۷ء (رمضان المبارک)

مرے نبیؐ ہیں جہاں، وہ جہان اور ہی ہے
زمین اور ہے وہ، آسمان اور ہی ہے

یہ کائنات مُسلسَل سفر میں ہے لیکن
مُسافرانِ مدینہ کی شان اور ہی ہے

فضائے ذکرِ محمد ﷺ سے جو رہے آباد
وہ جِسم اور ہی ہے اس میں جان اور ہی ہے

نمازِ عشقِ محمد ﷺ، اذانِ عشقِ بلالؓ
نماز اور ہی ہے، وہ اذان اور ہی ہے

بھرا ہُوا ہے پرندوں سے آسمان مگر
فضائے شہرِ نبی کی اُڑان اور ہی ہے

وہ غارِ ثور کی سنگت، حِرا کی تنہائی
یہاں حِصارِ زمان و مکان اور ہی ہے

دسمبر/۲۰۰۱ء

دلوں میں جن کے بسی ہو فضا مدینے کی
وہ حاضری میں رہیں گے سَدا مدینے کی

دُرود پڑھتے ہوئے دھڑکنوں کی رم جھِم میں
مَہک رہی ہے لبوں پر دعا مدینے کی

گزر رہا ہوں میں ہجرت کے بابِ سیرت سے
سَو ہر گلی ہے اِک حیرت سَرا مدینے کی

حضور آپ ﷺ کی تشریف آوری کے لیے
حَرَم سے نکلی ہے راہِ وفا مدینے کی

یہاں سلیقۂ آدابِ گفتگو ہے الگ
کہ خامشی ہے سخن آشنا مدینے کی

خرام کرتے ہوئے دیکھ صحنِ طیبہ میں
کہ خوش روی میں ہے یکتا، صبا مدینے کی

سو جسم و جاں کے سبھی زخم بھر گئے میرے
عجیب خاک ہے خاکِ شفا مدینے کی

چُنا گیا ہوں ثنا خوانِ مصطفےٰ ﷺ میں بھی
عطا ہوئی ہے مجھے بھی قبا مدینے کی

تمہیں خبر ہی نہیں ہے مِرے مسیحاؤ
مرا علاج ہے آب و ہوا مدینے کی

وفورِ عشق سے جھلمل ہجومِ اشک سلیم
ہمیشہ یاد دلاتا رہا مدینے کی

دسمبر/جنوری، ۲۰۱۲ء (لاہور)

بادل سا برس کے کُھل رہا ہے — عِصیاں کا غُبار دُھل رہا ہے
پھر بادِ صبا کی دستکوں میں — دروازہ ہوا سے کُھل رہا ہے
اِک عشق محبّتوں سے آگے — اب جا کے لہو میں گُھل رہا ہے
وہ ساری اکائیوں کی وحدت — اب جُز ہے نہ کوئی کُل رہا ہے
ہر پَل جو گزر رہا ہے اب تک — دربانِ شہ رُسل رہا ہے

آقا ﷺ، یہ ترا سلیم کوثر
گلیوں میں جہاں کی رُل رہا ہے

فروری/۱۹۹۷ء

رُکنے دیتی ہے نہ اِک پَل مجھے گھر رکھتی ہے
یادِ طَیبہ مجھے سرگرمِ سفر رکھتی ہے

اِس سے پہلے بھی میں منزل سے کہاں بھٹکا تھا
اب تو پھر دربدری راہ گزر رکھتی ہے

سر پہ ٹھہری ہوئی اِک دستِ کشادہ کی دھنک
تنگیِ جیب و گریباں کی خبر رکھتی ہے

ذکرِ احمد سے ہے روشن مِری خلوت جب سے
میری ہر رات مدینے کی سَحر رکھتی ہے

سارے آئینے ہیں بے عکس بجز نعتِ سلیم
یہ مُسافت ہی خدوخالِ سفر رکھتی ہے

جون/۱۹۸۶ء (رمضان المبارک)

ہرِ علم کی تخلیق کے معیار سے پہلے
ؐ سرکار ہی موجود تھے ؐ سرکار سے پہلے

تعمیر ہوئی بعد میں یہ ساری عمارت
دَروازہ بنایا گیا دیوار سے پہلے

اِک عرش بچھا یا گیا اِس فرشِ زمیں پَر
رستوں کو اُبھارا گیا رفتار سے پہلے

ترتیب دیا صاحبِ اَسرارِ جہاں نے
اِک حُسنِ تکلّم تری گُفتار سے پہلے

موجود رہا خلوتِ ہر شے میں وہ لیکن
ظاہر نہ ہوا خود، ترے اظہار سے پہلے

زندہ ہوئے اِک لمحۂ اثبات میں عالم
کب رُوح میں جاں تھی ترے اقرار سے پہلے

ہر سوچنے والے کی نگاہوں میں کھنچا ہے
اِک نُور کا ہالہ ترے دیدار سے پہلے

یہ رحمتِ عالم کا کرم ہی تو ہے، ورنہ
ملتا ہی نہ تھا کوئی گنہگار سے پہلے

تب جا کے سمٹتی ہے دھنک نعت کی دل میں
خُوشبوئے حضورؐ آتی ہے اشعار سے پہلے

سب اوّل و آخر کی حدیں ختم ہیں اُن پر
سرکار ﷺ ہی موجود ہیں سرکار ﷺ سے پہلے

اگست ۱۹۹۴ء

جو دل میں نصب ہے حمد و ثنا کا آئینہ
اُسی کا عکس ہے ارض و سما کا آئینہ

خُدا کا ذکر ہے عشقِ محمدی ﷺ کی دلیل
اور اُنؐ کا عشق ہے قربِ خدا کا آئینہ

زمانہ آپ ﷺ کا اِیثارِ بے مثال کا عکس
صحابہؓ آپ ﷺ کے مہر و وفا کا آئینہ

ہزار طرح سے خود کو سنوارتے ہوں گے
جو دیکھتے تھے رُخِ مُصطفیٰ کا آئینہ

مہک رہی ہیں جہاں آیتوں کی تفسیریں
وہ جبلِ نور ہے غارِ حرا کا آئینہ

ہوائے شہرِ مدینہ کے رُخ پہ رکھا ہے
مری دعا کا مِری التجا کا آئینہ

سلیم اشکِ ندامت سے دُھلتا جاتا ہے
ہے سامنے مِرے، دستِ دعا کا آئینہ

اکتوبر، نومبر ۲۰۰۴ء

رکاوٹ اور طرح کی یہاں بہاؤ ہے اور
یہ اور طرح کا دریا ہے اِس میں ناؤ ہے اور

یہاں فقیروں کے کاسے میں بادشاہت ہے
یہ اور طرح کا بازار، اِس کا بھاؤ ہے اور

دورانِ حج فروری ۲۰۰۴ء

اِک نظر ہو تو کیا سے کیا ہو جاؤں
میں جو پتھّر ہوں آئینہ ہو جاؤں

میری آنکھوں میں اُن کے خواب رہیں
اور ہر خواب سے جُدا ہو جاؤں

لوگ کعبہ سے سُوئے طَیبہ جائیں
میں تو بس اُن کا رَاستہ ہو جاؤں

اُنؐ کی گلیوں کا قرض ہوں میں تو
دیکھیئے کب وہاں ادا ہو جاؤں

اُنؐ کی یادوں کی بزم ہو اور میں
رقص کرتا ہوا فنا ہو جاؤں

میں تو اس شہر کی امانت ہوں
کب چلوں اور کب ہوا ہو جاؤں

اُنؐ کی چوکھٹ پہ حاضری کے لیے
ہر تصوّر سے ماورا ہو جاؤں

مجھ کو بھی اذنِ باریابی ہو
خاک سے میں بھی کیمیا ہو جاؤں

کتنی بوسیدگی ہے مجھ میں سلیم
اُنؐ سے مل آؤں تو نیا ہو جاؤں

اگست/۱۹۹۱ء

اِس پیاسی بنجر دھرتی سے کوئی بھی دریا گزر نہیں سکتا اُبھر نہیں سکتا
آپ ﷺ کے نور کا فیض نہ ہو تو دامنِ عالم بھر نہیں سکتا، نکھر نہیں سکتا

کیا بتلاؤں جان کو ہم آغوشی کی خواہش ہے کتنی پائے نبیؐ سے
کیا دکھلاؤں رُوح میں نشۂ عشقِ نبیؐ ہے اُتر نہیں سکتا، بکھر نہیں سکتا

اِک جانب طوفان دنیا، اِک جانب کشتی ہے پتوار ہیں میں ہوں
آپ ﷺ کا ساتھ نہیں ہوگا، تو میں تو پار اُتر نہیں سکتا، گزر نہیں سکتا

میں اَن پڑھ عاشق دیوانہ، آپ ﷺ کے چاہنے والوں کی صف میں تنہا ہوں
میرے کملی والے آقا ﷺ کیا میں اب بھی سُدھر نہیں سکتا سُدھر نہیں سکتا

آپ ﷺ کی چاہت ہو دل میں اور جھُوٹے لفظ سُنانے کی خاطر لکھوں میں
شہرِ علم کو جانے والو میں کبھی ایسا کر نہیں سکتا، کر نہیں سکتا

میں عاشق تھا میں جانے کب کا عاشق ہوں اور عاشق بھی آپ ﷺ کا ہوں میں
جب تک آپ ﷺ کو دیکھ نہ لوں گا مِل نہیں لوں گا، مَر نہیں سکتا گزر نہیں سکتا

(اہلِ عروض سے معذرت کے ساتھ) فروری ۱۹۸۰ء

دھوپ تھا لیکن اب تو سایا ہوں
میں مدینے ہو کے آیا ہوں
اشک ریزی میں خاکِ طیبہ ہے
جس کو سرمہ بنا کے لایا ہوں

یہ عجب سُرور کا نُور ہے، مجھے جانے کس کا غُرور ہے
مری سانس سانس میں نکہتیں، رگ و پے میں عشقِ حضورؐ ہے

مرے جسم و جاں سے اِک ایسی خوشبوئے یاد آتی ہے ان دنوں
مجھے یوں لگے مِرے انگ انگ سے روشنی کا ظہور ہے

اِسی دھوپ چھاؤں کے گھاؤ میں، مِرا نام بھی ہے چُناؤ میں
کہ وہ سایہ مجھ پہ ہے ضوفگن وہ نگاہ مجھ پہ ضُرور ہے

ترے لمسِ ذات کی برکتوں سے تجلّیوں کے افق کُھلے
ترا ذکر خیر ہی خیر ہے ترا اِسم نُور ہی نُور ہے

یہاں فاصلوں کا نظام عشق کی دسترس میں ہے آج بھی
وہ قریب اتنا ہی ہے یہاں، کہ یہاں سے جتنا وہ دُور ہے

جو مرے نبی ﷺ کے نہیں ہوئے وہ خُدا کے بھی تو نہیں رہے
کہ اسیرِ عشقِ رسُول ﷺ ہو نہ ہی بندگی کا شعور ہے

نومبر ۱۹۸۰ء

کچھ اِس طرح ورقِ دہر پر لکھا جاؤں
کہ میں غلامِ شہہِ انبیا پڑھا جاؤں

یہی ہے فخر مرا اور یہی مِرا اعزاز
گدائے کوچۂ شہرِ نبی ﷺ کہا جاؤں

حضورؐ میرا کہیں پر بھی جی نہیں لگتا
اجازت آپ ﷺ اگر دیں مدینے آجاؤں

سفر کا بھید کھلا ہے تو جانبِ منزل
مرے قدم نہیں اُٹھتے مگر کھنچا جاؤں

خدا کا شکر مجھے بھی پیام آ ہی گیا
یہ بات بادِ صبا کو نہ کیوں بتا جاؤں

رمضان المبارک/۲۰۰۲ء

جن کو ہے حق تعالیٰ کا عرفان آپ ﷺ ہیں
سَب سے ترقّی یافتہ انسان آپ ﷺ ہیں

نورِ عمل ہے آپ ﷺ کی سیرت کا آئینہ
قرآن آپ ﷺ صاحبِ قرآن آپ ﷺ ہیں

ہم پر خدا کے اَن گنت احسان ہیں مگر
سب سے عظیم تر ہے جو احسان آپ ﷺ ہیں

ہو کوئی معرکہ حق و باطل کے درمیاں
ہر مرحلے پہ عدل کی میزان آپ ﷺ ہیں

وہ جانتے نہیں تھے کہ سب کچھ ہے آپ ﷺ کا
جو دیکھتے تھے بے سَروسامان آپ ﷺ ہیں

محبوبیت کے مرکز و محور ہیں آپ ﷺ ہی
جن سے ہوئے ہیں وعدہ و پیمان آپ ﷺ ہیں

دونوں جہاں سجائے گئے جن کے سامنے
اللہ میزباں ہے وہ مہمان آپ ﷺ ہیں

اکتوبر/دسمبر/۲۰۱۴ء

شرابِ عشقِ محمد ﷺ ہے اور ہم ہیں سلیم
حَرم کے بادہ کشوں میں ہمارا نام بھی ہے
۲۲/اپریل/۲۰۰۹ء (مسجد نبوی)

فضائے نعرۂ تکبیر میں نکل آیا
میں گھر سے خیر کی تعمیر میں نکل آیا

میں ایک نور بھرے راستے پہ چلتا ہوا
حضور آپ ﷺ کی جاگیر میں نکل آیا

وہ خوش نصیب ہیں جن کو لگن عطا ہوئی اور پھر
سفر مدینے کا تقدیر میں نکل آیا

تمام فلسفہ دانوں کے فلسفے میں کہاں
جو لَا اِلٰہ کی تفسیر میں نکل آیا

مری رہائی کا رستہ بہ ذکرِ شاہِ اُمَم
ہر ایک حلقۂ زنجیر میں نکل آیا

میں شانِ گنبدِ خضرا پہ غور کرتا تھا
وہ مہرِ سبز ہی، تحریر میں نکل آیا

میں جسم و جاں کی علالت کا ڈھونڈتا تھا علاج
دُرود نُسخۂ اکسیر میں نکل آیا

میں محوِ خواب تھا اور نعت پڑھ رہا تھا سلیم
مدینہ خواب کی تعبیر میں نکل آیا

اگست/ستمبر ۲۰۱۴ء

سمٹنا کیا ہے مرا اور کیا بکھرنا مرا
حضور آپ ﷺ کی خاطر ہے جینا مرنا مرا

اگست/ ۲۰۱۳ء

جانے یہ کیسی چبھن ہے مِرے مکّی مَدنی
مِرے سینے میں دُکھن ہے مِرے مکّی مَدنی

میرے باہر بھی ہوا ٹھیک نہیں چلتی ہے
میرے اندر بھی گھُٹن ہے مِرے مکّی مَدنی

مضمحل رُوح جہاں گریہ کناں رہتی ہے
مجھ میں اِک ایسا بدَن ہے مِرے مکّی مَدنی

جِسم دبتا ہی چلا جاتا ہے اِک بوجھ تلے
وہ گُناہوں کی تھکن ہے مِرے مکّی مَدنی

چشمِ نظّارہ کو درکار ہے منظر کوئی اور
دل کہیں اور مگن ہے مرے مکّی مَدَنی

مجھ مُسافر کے لیے آج بھی ہر گام کے ساتھ
مَنزلِ دار و رَسن ہے مرے مکّی مَدَنی

یہ مرا عہد، تضادات کا مارا ہوا عہد
بے حسی اِس کا چلن ہے مرے مکّی مَدَنی

میں مدینے کی طرف دیکھ کے خوش ہوتا ہوں
میرا بھی کوئی وطن ہے مرے مکّی مَدَنی

مَرہمِ خاکِ مدینہ کے لیے آجاؤں
میرے تلووں میں جلن ہے مرے مکّی مَدَنی

آپ ﷺ کے عشق میں ڈھل جائے، امر ہو جائے
میرا جو رنگِ سُخن ہے مرے مکّی مَدَنی

جنوری/۱۹۹۸ء (رمضان المبارک)

حرم سے سوئے مدینہ سفر میں رہتا ہوں
میں اپنے شہر میں اور اپنے گھر میں رہتا ہوں

چراغِ نور کی خوشبو سے دل مہکتا ہے
ہوائے عشقِ نبی ﷺ کے اثر میں رہتا ہوں

بچھی ہوئی ہے جو آنکھوں سے سبز گنبد تک
رواں دواں میں اُسی رہ گزر میں رہتا ہوں

فراقِ سیّدِ والا میں اشک بار تھا جو
زمانہ ہوگیا میں اُس شجر میں رہتا ہوں

اُنہیں کے ذکر سے سیراب دو جہاں ہیں، سو میں
اُنہیں کی محفلِ شام و سحر میں رہتا ہوں

وہ قافلے جو مدینے کی سمت جاتے ہیں
میں اُن کے سایۂ گردِ سفر میں رہتا ہوں

مئی ۲۰۱۴ء

میں سوچتا ہوں اُنہیں ؐ آگہی طواف کرے
میں اُن ؐ کی راہ چلوں زندگی طواف کرے

میں اُن کی نعت لکھوں صفحے جگمگانے لگیں
میں اُن کا ذکر کروں روشنی طواف کرے

میں اُن کا طرزِ عمل جب بھی کوئی اپناؤں
تو میری روح میں جیسے خوشی طواف کرے

ہر ایک پَل مرا گزرے کہ اُن کے بارے میں
میں گفتگو کروں اور خامشی طواف کرے

کچھ ایسا ہو یہیں رہ جاؤں میرے دل میں سلیم
یہی خیال دمِ واپسی طواف کرے

فروری/۲۰۱۵

سائے قبیلہ وار بڑھے تھے، جگ میں گھور اندھیرا تھا
سَب سے پہلا دیا جلانے والا شخص اکیلا تھا

روزِ ازل سے روزِ ابد تک سَب ترتیب اُسی کی ہے
وہ جو غار میں تھا اور سامنے ارض و سَما کا نقشہ تھا

اُس کی سانسیں سنّاٹے میں خُوشبو کا اظہار بنیں
نیندیں تھک کر سو جاتی تھیں اور وہ جاگتا رہتا تھا

سب آنکھیں ہیں اس کی گواہی، چہرے اس کی امانت ہیں
عکس بچھڑ کر بھی اُس کے ہیں وہ اک ایسا آئینہ تھا

کون و مکاں کا ذرّہ ذرّہ جنؐ کی ذات کا صدقہ ہے
اللہ جانے اُس میں اور خُدا میں کیسا رشتہ تھا

سورج، چاند، ستارے اُنؐ کے سائے میں سستاتے تھے
بچپن کی گلیوں میں اُنؐ کے ساتھ زمانہ کھیلتا تھا

نامِ محمدؐ سامنے رکھ کر پہروں سوچتا رہتا ہوں
اُن کی آنکھیں کیسی تھیں اور اُن کا چہرہ کیسا تھا

فروری/۱۹۷۸ء

در حضورؐ پہ لائے گئے ہیں اَب کے بَرس
گُناہ گار بُلائے گئے ہیں اَب کے بَرس

جو اس سے پہلے نہیں آئے تھے ان آنکھوں میں
کچھ ایسے اشک سجائے گئے ہیں اب کے برس

دورانِ حج فروری/۲۰۰۴ء

بَدلنا جس کا ضروری ہے وہ نظام ہوں میں
حُضورؐ بگڑا ہوا کوئی انتظام ہوں میں

حُضور آپ ﷺ اِسے کامیاب کر دیجیئے
جو کام ہر طرح ناکام ہے وہ کام ہوں میں

حُضور آپ ﷺ اسے نیک نام کر دیجیئے
جو نام ہر جگہ بدنام ہے وہ نام ہوں میں

حُضور آپ ﷺ اسے صُبح سے بدل دیجیئے
جو ایک ڈھلتی ہوئی شام ہے وہ شام ہوں میں

یہ بھیڑ چھٹتی نہیں ہے کسی طرح بھی حضورؐ
حُضورؐ خواہشِ دنیا کا اژدہام ہوں میں

حُضُور میرے سِوا کون ہے مِرا دُشمَن
سَو اپنے آپ ہی سے مَحوِ انتقام ہوں میں

دَبی زباں سے مِرا ذکر لوگے کرتے ہیں
حُضُور اِن دنوں موضوعِ خاص و عام ہوں میں

جِسے خَرید نہیں پائے قیصر و کسرٰی
حُضُور آپﷺ کی اُمّت کا وہ غلام ہوں میں

سُخن کے باب میں تاثیر چاہیئے ہے حُضُور
جِسے کوئی نہیں سنتا ہے وہ کلام ہوں میں

حُضُور سخت ندامت ہے آپﷺ جانتے ہیں
گناہ گاروں میں اِک نام ہے وہ نام ہوں میں

یہ خاکِ شہرِ مدینہ کا معجزہ ہی تو ہے
سلیم چاند ستاروں سے ہم کلام ہوں میں

۲۰۰۵ء

دنیا کی خواہشوں سے دلوں کو رہا کرو
پھر اس کے بعد ذکرِ شہِ انبیاء کرو

جو کچھ عطا کریں وہ تمہیں لے لیا کرو
جس بات سے وہ منع کریں مت کیا کرو

چاروں طرف ہے کفر نے گھیرا کیا ہوا
نکلو جو گھر سے سورۂ یٰسین پڑھا کرو

حرمین کے سفر کی تمنا میں رات دن
تیار اپنی روح کے اندر رہا کرو

ڈھلتا ہے بزمِ نور میں تنہائی کا فسوں
اُن کی خود اپنے آپ سے باتیں کیا کرو

خوشبو تو یہ دیارِ مدینہ کی ہے سلیم
کون آیا ہے محلّے میں جا کر پتا کرو

شاید قبولیت کی گھڑی ہو یہی سلیم
اِک دُوسرے کے حق میں مُسلسل دعا کرو

دسمبر/جنوری/۱۵/۲۰۱۴ء

ہزار طرح کے بہتان سے بچا لیا ہے
فقیر کو درِ سلطان سے بچا لیا ہے

ہمیں تو سیلِ زمانہ بہا کے لے جاتا
حضور آپ ﷺ نے طوفان سے بچا لیا ہے

دورانِ حج فروری/۲۰۰۴ء

وہیں ملیں گے جہاں میں بھی جو زمانے نہیں
زمانے تری اماں میں بھی جو زمانے نہیں

اُنہیں کی راہ گزر میں قیام کرتے ہیں
گرفتِ سُود و زیاں میں بھی جو زمانے نہیں

طوافِ گنبدِ خضریٰ میں ہیں کہیں مصرُوف
حُدودِ کون و مکاں میں بھی جو زمانے نہیں

حَرم کی سیڑھیوں پہ آتے جاتے دیکھے ہیں
ہمارے وہم و گماں میں بھی جو زمانے نہیں

حُضورِ سیّدِ کونین سرنگوں ہیں سلیم
کہیں زمان و مکاں میں بھی جو زمانے نہیں

اپریل/۲۰۰۶ء

خُدا نے اوّل و آخر لکھا مقالۂ نعت
کتابِ حق سے ملا ہے مجھے اُجالاۂ نعت

کہاں کہاں نہ ہوا مدحتِ نبی ﷺ کو فروغ
کہاں کہاں سے نہ جاری ہوا رسالۂ نعت

اگرچہ فردِ عمل ہے سیاہ تر میری
مگر چمکتا ہے کیسا مِرا حوالۂ نعت

میں بزمِ حضرتِ حسّان میں تھا رات، جہاں
اُوڑھا دیا ہے کسی نے مجھے دُوشالاۂ نعت

سلیم نور کو تجسیم کر دیا جس نے
اُسی کی حمد سے لبریز ہے پیالۂ نعت

جنوری ۲۰۱۵ء

(۱، ۲) اہلِ ہنر کے نزدیک یہ ترکیب ٹھیک نہیں مگر نعت سے مل کر یہ دونوں لفظ کتنے معتبر اور بامعنی ہوگئے ہیں۔

مدینہ

دُرودوں سَلاموں کی مئے سے بھرے
میرے جامِ شب و روز
اور وہ مری حاضری کا مہینہ
وہ دربارِ اقدس کی جانب مجھے لے کے جاتے ہوئے
جگمگاتے ہوئے راستے کے اُفق پر اُبھرتا ہوا
آفتاب اور مہتاب کی سیڑھیوں سے بنا ایک زینہ
مدینہ!
بہت یاد آ رہا ہے مدینہ
اُن کے آنگن میں پھیلے ہوئے نور کے سلسلے
موسموں کے بدلتے ہوئے دائروں میں رواں زندگی کے نئے قافلے
اُن کی چوکھٹ سے لپٹی ہوئی آسمانوں زمینوں کی حیرانیاں
شہرِ طیبہ کے دامن میں سمٹی ہوئی حسن کی اور حیرت کی سیرابیاں
اس کے ذرّوں میں صحرا کی تابانیاں
اور انہیں منظروں میں سفر کا قرینہ
مدینہ!
بہت یاد آ رہا ہے مدینہ

رمضان المبارک ۲۰۰۴ء

کبھی ڈوبا نہیں طوفاں میں کِنارا میرا
آپ ﷺ کا اِسمِ گرامی ہے سِتارا میرا

کب سے دنیا مرے رستے میں کھڑی ہے لیکن
مَیں ہوں اور گنبدِ خضریٰ ہے نظارا میرا

آپ ﷺ کے دَر سے مِرے نام کی بھیک آتی ہے
اِک عجب شان سے ہوتا ہے گزارا میرا

مجھ کو کیا کرنا ہے اور کیا نہیں کرنا ہے تسلیم
اُن کے دَربار سے ہوتا ہے اِشارہ میرا

۲؍جولائی ۱۹۹۲ء

وہ طوافِ حرم اور مسلسل دعا، آنکھ روتی رہی دل پگھلتا رہا
لب پہ جاری رہا نغمۂ مصطفیٰ، آنکھ روتی رہی دل پگھلتا رہا

ایک لمحہ تو ایسا بھی آیا کہ جب سسکیوں سے بھری میری آواز میں
آنسوؤں سے چراغاں سا ہونے لگا، آنکھ روتی رہی دل پگھلتا رہا

کتنی مصروف دنیا تھی چاروں طرف اور صحنِ حرم میں اکیلا کہیں
ایک آواز بیٹھا میں سنتا رہا، آنکھ روتی رہی دل پگھلتا رہا

اس سے پہلے حرم سے میں طیبہ کی جانب روانہ ہوا تھا عجب حال میں
آج طیبہ سے سوئے حرم چل دیا، آنکھ روتی رہی دل پگھلتا رہا

میں وہیں تھا جہاں سب سے پہلے مجھے حاضری کی اجازت ملی تھی کبھی
میں اُٹھا بابِ فتح کی جانب بڑھا، آنکھ روتی رہی دل پگھلتا رہا

اب حَرم سے اُدھر آسماں کو ہٹا کر عمارات بننے لگیں اور اِدھر
میں تھا اور ملتزم اور دستِ دعا، آنکھ روتی رہی دل پگھلتا رہا

اتنی مضبوط اکائی کے ہوتے ہوئے سوچتا ہوں کہ تقسیم کیسے ہوئی
اُمّتِ مُسلمہ کو یہ کیا ہوگیا، آنکھ روتی رہی دل پگھلتا رہا

۱۵ر اپریل، ۲۰۰۹ء (حرم پاک)

سلام و درود

سلام اُن پر کہ جن کا فیض جاری ہے زمینوں آسمانوں میں
دُرود اُن پر کہ جن کی حمتوں کی حد نہیں دونوں جہانوں میں

سلام اُن پر کہ جن کا ہر عمل قرآن کی تفسیر بنتا ہے
دُرود اُن پر کہ جن کا عشق ہی اسلام کی تصویر بنتا ہے

سلام اُن پر شہنشاہی کو ٹھوکر ماردی جن کے غلاموں نے
دُرود اُن پر کہ جن کا اُمّتی ہونے کی خواہش کی نبیّوں نے

سلام اُن پر کہ جو اُمّت کی بخشش کے لیے آنسو بہاتے تھے
دُرود اُن پر جو ہم ایسے گنہگاروں کی خاطر دکھ اٹھاتے تھے

سلام اُن پر کہ یثرب کو مدینہ کر دیا ہے جن کی آمد نے
دُرود اُن پر دلوں کو نورِ حق سے بھر دیا ہے جن کی آمد نے

سلام اُن پر پیام آخری رب نے اُتارا جن کے سینے پر
دُرود اُن پر مسلسل خوشبوئیں قربان تھیں جن کے پسینے پر

سلام اُن پر کہ جن کے راستے میں انجم و مہتاب رہتے تھے
دُرود اُن پر کہ جن کی چشمِ پاکیزہ میں سچّے خواب رہتے تھے

سلام اُن پر کہ خود اللہ جن کی ہر ادا پر ناز کرتا ہے
دُرود اُن پر کہ جن کو سوچنا ہی فکر کے در باز کرتا ہے

سلام اُن پر کہ جن کے نقشِ پا میں منزلوں کے عکس ملتے ہیں
دُرود اُن پر کہ جن کی گفتگو سے شاخِ دل پر پھول کھلتے ہیں

سلام اُن پر صحابہؓ جن کے ایثار و محبّت کی علامت ہیں
دُرود اُن پر کہ جو دونوں جہاں کے واسطے رحمت ہی رحمت ہیں

سلام اُن پر کہ جن کے سامنے ارض و سما کے خوان رکھے تھے
دُرود اُن پر کہ جن کے پیٹ پر پتھر بندھے تھے اور جو بھوکے تھے

سلام اُن پر یتیموں اور غریبوں سے جو بے حد پیار کرتے تھے
دُرود اُن پر کہ سچّائی کا جن کی تذکرہ اغیار کرتے تھے

سلام اُن پر کہ جن کا آخری خطبہ پیامِ امنِ عالم ہے
دُرود اُن پر حیاتِ طیّبہ جن کی نظامِ امنِ عالم ہے

جنوری ۱۹۹۶ تا جولائی ۲۰۱۴ء (جاری ہے)

مرہمِ خاکِ مدینہ کے لیے آ جاؤں؟

میرے تلووں میں جلن ہے مرے مکّی مدنی

انداز پبلیکیشنز کی دیگر مطبوعات

ذرا موسم بدلنے دو	سلیم کوثر
دنیا مری آرزو سے کم ہے	سلیم کوثر
محبت اک شجر ہے	سلیم کوثر
یہ چراغ ہے تو جلا رہے	سلیم کوثر
خالی ہاتھوں میں ارض و سما	سلیم کوثر
میں نے اسمِ محمدﷺ کو لکھا بہت	سلیم کوثر
اندوختہ	انور شعور
می رقصم	انور شعور
مشقِ سخن	انور شعور
دل کا کیا رنگ کروں	انور شعور
ڈاؤ نامہ	ڈاکٹر حبیب خان
مجتبیٰ حسین اور فنِ طنز و مزاح نگاری	ڈاکٹر گلِ رعنا
صدائے سُخن	خواجہ وہاب صابرؔ
ابھی ہم تمہارے ہیں	الماس شبی
کچھ خواب اُٹھائے پھرتا ہوں	فیاض الدین صائب

available on www.amazon.com

OR

www.andaazpublications.com